Votar conviene

y más cuentos

Jorge Rosendo Durán Mozqueda

A la mexicanidad auténtica.

Índice

Prólogo

Escribir este libro fue de improviso. Si bien en el año 1990 entre broma y serio advertí a un profesor que algún día yo escribiría un libro sobre las anomalías que existen en la Heroica Escuela Naval Militar respecto al espionaje fascista homosexual y la manipulación hipnótica transitoria contra los propios cadetes, lo que constituye fuente lucrativa y de placer salaz para pederastas –en aquella época ingresaban al internado de dicha escuela exclusivamente hombres adolescentes de entre catorce a dieciocho años de edad–; no imaginé que el crimen aquél se cometía desde tiempos remotos en perjuicio de toda la sociedad mexicana y que yo continuaría siendo víctima recurrente durante todos estos años.

Un día de octubre de 2013 leí en la internética de la revista Proceso una oferta ¡con descuento del cincuenta por ciento! para la publicación de libros en una editorial situada en Estados Unidos, lo que me pareció magnífica oportunidad para autopublicar un libro, pero entonces fue cuando reaccioné y me di cuenta que ¡yo no tenía escrito ningún libro!

Luego entonces decidí escribir los cuentos Votar conviene y La técnica del disfraz; ambos relatos son crónicas, las cuales integré al material que estaba publicado en el blog http:// voto independiente .blog spot .com. Fue así como constituí el primer borrador del libro. Posteriormente, al siguiente día de haber terminado La técnica del

1

disfraz, el 3 de diciembre de 2013, registré dicho borrador en Indautor, en la ciudad de México.

Logré cubrir el pago a la editorial y pedí que publicara el libro, lo cual realizó el día 13 de diciembre de 2013.

De esta manera, días antes de la publicación, durante la galerada corregí varios errores en el borrador, sin embargo, como solamente había un proceso de revisión gratuito, no me fue posible realizar una segunda corrección al bosquejo debido al costo extra que ello implicaba, por lo que autoricé que se publicara el libro así como estaba, pues, aunque el excelente servicio de la editorial me otorgaba el plazo de un año, para mí era urgente publicarlo.

En lo que a mis denuncias concierne, a diferencia de lo que difundí originalmente en el blog, en el libro tuve que cambiar los nombres originales, los lugares y algunas circunstancias por ser requisito indispensable de los impresores, con el propósito de evitarme demandas legales; por lo que también edité el blog, pero sólo para que coincidiera con el libro. En todo caso, las denuncias contenidas en el libro son de mi exclusiva responsabilidad en virtud de mi carácter de autor y editor.

A finales de abril de este año 2014 recibí una noticia en Facebook sobre la facilidad que otorgaba la editorial Create Space, filial de Amazon, para la autopublicación gratuita, por lo que decidí terminar el contrato con la editorial anterior, requerimiento necesario para publicar el libro en formato electrónico en Kindle Direct Publishing de Amazon.

Publiqué en la editorial Create Space un borrador del libro que yo suponía correctamente escrito, pero cada vez que lo publicaba y revisaba encontraba errores, y otras partes asimismo requerían mejoras. Así estuve publicando, corrigiendo y mejorando el libro varias veces durante tres meses, con jornadas diarias de seis a doce horas de lectura, revisión y corrección. Luego aprendí que el oficio de escritor, aunque no parezca, puede ser agobiante. También solicité una copia impresa del libro de prueba, pero donde abría el libro al azar y ponía el dedo índice sobre él, ¡todavía ahí encontraba errores semánticos, sintácticos u ortográficos por subsanar!

Antes de publicar el libro, Create Space lo imprime electrónicamente de forma gratuita para que el autor efectúe la revisión correspondiente y entonces una vez aprobado, lo publique; sin embargo, como estuve realizando muchas repeticiones en el proceso y para que la editorial no pensara que yo estaba defraudándola o estaba rematadamente loco o algo parecido, fue que compré las primeras cinco copias del libro impreso en formato papel a principios de junio de 2014.

Yo estaba apenadísimo con la editorial Create Space, todavía lo estoy un poco, porque creo que abusé de su buena voluntad por mi falta de experiencia y conocimiento sobre la materia literaria, pues cuando mucho son dos pruebas de galera antes de la publicación, no obstante, realicé en total hasta el día 8 de diciembre de este año 2014 que hoy finaliza ¡dieciocho procesos de edición y publicación conjuntamente! Una barbaridad.

Entre los problemas que se presentaron está que tuve necesidad de empeñar mi computadora, y cuando intenté enviar a Create Space otra nueva edición del libro por medio de una computadora rentada, debido a que la versión del procesador de textos de esa computadora era diferente al que yo tenía en mi laptop, ¡todo el libro se alteró!, y muchas palabras se unieron, por ejemplo las palabras obrero y patronal, las cuales yo había pensado unir sin el guión intermedio, mas no me convencí de ello hasta que las vi como una sola palabra por la alteración que causó el procesador de textos; empero, en la versión final del libro las yuxtapuse sólo para nombrar al Banco de las Garantías Obreropatronales (BANGO), que propongo en el artículo

'Reforma laboral' como la solución para la generación de empleos bien pagados y el aumento de la productividad y competitividad de todas las empresas instaladas en México.

También decidí no escribir la palabra priista sino priísta, con acento en la segunda i, sin atender la última reforma de la Real Academia Española (RAE), pues la palabra priista se pronuncia "prista", de lo contrario se formaría un pleonasmo al escribir priista y decir "priísta", pues así se pronuncia correctamente en México: «pri-ísta», con patente diferencia entre las dos i.

Igual*mente*, en mis escritos rescaté el adverbio sólo, con acento en la primera o, ya que me hacía falta para no repetir tantas veces las palabras única*mente* y sola*mente*, y porque en mis textos iniciales recurría consuetudinaria*mente* a muchas palabras con la terminación *mente*.

El queísmo también fue un problema recurrente en mis escritos; entendiéndolo no sólo como la falta de la conjunción *de* antes de la palabra *que*, cuando deba escribirse, sino también considerándolo como el uso repetitivo, a veces innecesario, de la conjunción *que*; motivo por el cual (v.g., aquí sustituí «así que» por «motivo por el cual») me negué a utilizar por un tiempo la conjunción y/o el pronombre que/qué. Así las cosas, en los artículos de opinión Movimiento ciudadano Yo Soy 59 y Sin milagro ni sorpresa, prescindí de esa palabra gracias a una sintaxis diferente.

A propósito, consideré que el dequeísmo es innecesario en todos los casos. Por ello, en los escritos eliminé la preposición *de* antes de la conjunción *que*, sin excepción; incluso en aquellos casos que se consideran queísmos, por ejemplo: «a pesar que».

Una vez que el libro fue tomando *una* buena forma, me di cuenta de uno de los errores más comunes que comete un escritor diletante

4

como yo: la repetición innecesaria de las palabras un, uno, una, y sus plurales, así que igual tuve que corregir este error.

Para evitar el loísmo al máximo, dejé de escribir la frase correcta «Por lo tanto», para escribir «Por tanto», que igual es buena conjunción.

Igualmente, para dar mayor énfasis al argumento de los personajes, les asigné de forma exclusiva el guión largo, por lo que implementé el guión mediano sólo para el relator; verbigracia:

—*Profesor, ¿es verdad que la Arca fue encontrada en el Monte Ararat —en Turquía— donde posó hace seis mil quinientos trece años? –la pregunta procede de la alumna Brenda Evangelina.*

Valiosa ayuda es la web de la RAE http:// www .rae .es. En uno de sus muchos apartados descubrí los solecismos; por ejemplo, correcto es decir: «Tan así es» y «Tanto es así»; y no: *Tan es así* y *Tanto así es.* Por otro lado, ¿qué decir del Diccionario de la RAE en línea?, es espléndido.

El notable académico de la gramática española Emilio Alarcos Llorach es parte importante en el proceso de corrección de Votar conviene y más cuentos. Yo tendría que escribir otro libro para señalar todos y cada uno de los errores que él me ayudó a corregir en mi escritura mediante su libro Gramática de la lengua española, de la colección Nebrija y Bello, de la RAE, editorial Espasa, novena reimpresión, 2003.

Con lo anterior no quiero decir que el libro sea obra literaria. No, en este sentido es tan sólo propuesta y no aspira a tal fin, pero creo que está bien escrito y tiene notoria diferencia respecto al borrador farragoso que publiqué en la primera editorial; además, agregué el fragmento corregido de mi ensayo: El canal del congreso coadyuvante en la formación de líderes democráticos; así como el poema La selección campeona de futbol; conformado por siete estrofas de dos versos, una estrofa por cada partido que la selección mexicana va a ganar para ser campeona del torneo de la copa mundial de futbol.

Votar conviene y más cuentos es libro imprescindible en la lectura familiar, me atrevo a decir esto porque hasta ahora nadie había escrito sobre la existencia de la manipulación hipnótica transitoria con fines impíos para resabiar a las personas de buena educación moral. No estudié el tema, lo he aprendido de la peor forma, he sido víctima de esta arma secreta del perverso sistema político mexicano.

Los espías fascistas han cometido errores al estar manipulándome con drogas y así ha sido como he descubierto su modo de operar. Esto aunado a confidencias de militares a quienes considero mis hermanos, los cuales son nobles, egresados como yo de manera digna de la Heroica Escuela Naval Militar.

Existe un método hipnótico que no utiliza drogas y sirve para hipnotizar a las personas sin que estas se den cuenta. En esta modalidad se emplean dos o tres hipnotistas que cuestionan casi al mismo tiempo, de tal forma que no permiten que la víctima termine de responder ninguna pregunta; después de tres o cuatro minutos, un hipnotista oculto inflige por detrás un susto al interfecto y este queda en trance hipnótico. Cuando los hipnotizadores despiertan a su víctima, esta no recuerda nada ni se percata del lapso en el que estuvo inconsciente.

El fundamento y fortaleza del libro son todas y cada una de las víctimas de manipulación hipnótica transitoria; entre las cuales ahora mismo algunos de ellos y ellas se encuentran en los servicios de inteligencia del país: en el CISEN, la Policía Federal, la Interpol, la PGR, el Ejército, la Armada y la Fuerza Aérea; quienes nunca imaginaron caer en el problema de la homosexualidad, de las drogas o la prostitución. Porque mediante la manipulación psicológica infligida con psicotrópicos, los pervertidores pueden lograr con una sesión de pocas horas que un buen cristiano blasfeme y se declare ateo el resto de su vida; una mujer virtuosa se convierta en prostituta o se enamore de un hombre a quien jamás en su sano juicio aceptaría; o que personas con futuro promisorio renuncien al estudio, a la práctica de su disciplina deportiva o se suiciden.

Cuando los hombres y las mujeres víctimas de manipulación hipnótica lean este libro, se reconocerán en él y sabrán qué los obligó a actuar contra sus convicciones. Esta es la apuesta de Votar conviene y más cuentos.

Jorge Rosendo Durán Mozqueda

Guaymas, Sonora, a 31 de diciembre de 2014.

Introducción

Votar conviene y más cuentos es una breve colección de escritos, análisis políticos de ficción y otros relatos intercalados con versos y letras de canciones, así como denuncias públicas imaginarias y dramatizadas. También descubre el problema infausto del espionaje fascista subvencionado por el Estado contra la ciudadanía indefensa y sugiere soluciones para terminarlo.

La acción relevante de este libro es la causa republicana de «hacer olas» levantando la voz para que todo el pueblo de México escuche y decida participar en la democracia que, gracias al desarrollo institucional en el rubro electoral, garantiza una cada día más necesaria transición pacífica de régimen, proceso que podría llegar a ser intenso si existiese la necesidad de defender el voto, pero sólo mediante la resistencia civil, nada comparable a la Revolución Mexicana de 1910.

La variedad de temas procura hacer entretenida la lectura para quien no acostumbra interesarse en los asuntos de la república porque piensa que sólo los políticos tradicionales tienen el talento y las oportunidades para hacerlo. Sin embargo, la realidad mexicana demuestra que no es así, pues conformamos una nación rica ahogándose en problemas que no tienen razón de ser, como los de inseguridad y pobreza; por ende, intento con este libro que la sociedad reflexione y considere su posición respecto a la política y al poder democrático vía electoral, pero desde una perspectiva categóricamente ciudadana, independiente del sistema político actual que padece graves fallas como el enajenamiento ideológico partidista que no sirve para nada, ya que no acaba con las dos prácticas perjudiciales que de manera consuetudinaria padecen los políticos en el poder: corrupción e incapacidad. Así, está claro que la administración de un buen gobierno no depende de ideologías ni posturas demagógicas –que si derecha, capitalismo; que si izquierda, socialismo; que si centro, acomodaticio; *quesque*... ¡partidócratas!– sino de la soberana cosmovisión ciudadana honrada, funcional y con sentido de responsabilidad.

Un peculiar estilo y algo de humor un tanto cuanto agridulce –a veces sutilmente irónico, otras no tan fino– incluso en los temas aterradores, ofrece al lector consumir cada página disfrutando una deliciosa gama de sabores que alimentan la esperanza, pues los textos procuran sanar al enfermo así tengan que recetar la medicina más amarga, en los cuales la dicacidad es cruenta, pero la propuesta muy alentadora, la cual se fundamenta en la asertividad que concede el uso cotidiano del sentido común.

Analizo el trasfondo político mexicano desde mi humilde punto de vista ciudadano, indignado por el lamentable grado de descomposición social, corrupción gubernamental, y la falta de empleos y oportunidades, situación que sin duda alguna es atribuible a la partidocracia, cuyo baluarte es la simulación mentirosa que insulta la inteligencia del mexicano por parte de aquellos politicastros apátridas enquistados en una caterva política indolente, omisa y manipuladora, ocupada en la acumulación personal de dinero y poder, pero sorda al sufrimiento de la república.

Existen honrosas excepciones de mexicanos navegando entre los escollos de la partidocracia, quienes en su quehacer institucional, político o gubernamental, ejecutan los nobles principios del deber y la responsabilidad, esforzándose contra viento y marea para cumplir a cabalidad el encargo que desempeñan, a quienes no los detiene el ataque sistémico de aquellos traidores que se creen amos de nuestro pueblo y dueños exclusivos de la riqueza nacional. En estos políticos de verdad está el rostro de la victoria mexicana y la realización de la esperanza anhelada, la motivación para continuar avante con la certeza que juntos arribaremos al mayor de los éxitos: el destino glorioso que Dios regaló a nuestra nación.

Gracias al fortalecimiento de la democracia mexicana vía urnas –no insurrecta como sucedió hace un siglo–, los mexicanos en lugar de hacer una sangrienta «guerra de guerrillas», hoy en día desde la comodidad de una computadora conectada a internet o mediante un teléfono inteligente integrado a redes sociales, disfrutando de deliciosa bebida y agradable compañía, pueden participar en la «política de *politiquerías*», o sea, de pura *grilla*. Pero *grilla* propositiva, sin ofender a las personas; que provoque escozor, pero sugiera soluciones y genere buenas ideas para el bien común; esto, con la finalidad de colaborar con los *grilleros* (no con los guerrilleros) profesionales generando propuestas que sirvan al buen gobierno; asimismo para motivar a otros ciudadanos que están decepcionados del sistema político oligárquico y debido a esto han perdido la confianza en el poder del voto, decirles que si tanto decepciona la política, cuánta más razón para votar por un cambio radical de régimen. Entendiendo, por supuesto, que la participación política virtual –no de ficción– es el potencial cívico que se consuma en la movilización electoral para votar en las urnas contra el statu quo.

Publiqué la mayoría de los textos en el blog titulado Votar conviene, cuya dirección electrónica es http:// voto independiente .blog spot .com, y están fechados bajo el título correspondiente, con la fecha de la publicación en citada página internética; ergo, el índice del libro empieza con los escritos recientes y finaliza en el texto más antiguo. Aquellos textos que habían sido inéditos no están fechados. He editado, corregido y mejorado los textos que publiqué en el blog para integrarlos a esta obra.

El Canal del Congreso, coadyuvante en la formación de líderes democráticos *
1 de Mayo de 2014

1.- Transparencia y rendición de cuentas.

La información pública es poder, cuando está al alcance del pueblo entonces existe la posibilidad de conquistar la libertad democrática, con igualdad de oportunidades y liderazgo para todos; este es el signo distintivo de gobernantes y gobernados que han abolido sinsentidos ideológicos y marchan unidos en la búsqueda del bien común, de una sociedad justa y próspera, donde cada quien goza del bienestar producto de su propio esfuerzo y contribuye al auxilio de los menesterosos, sometiendo sin excepción a toda la ciudadanía al cumplimiento de las leyes e instituciones democráticas para suprimir la oligarquía y cualquier otro sistema antidemocrático de gobierno, con la finalidad que el Estado social demócrata sea propicio a todas las personas.

Para la instauración de un sistema político funcional que logre desarrollar todo su potencial en la consecución del bien común, es primordial la ideología de probidad; esto, con el propósito que los empleados gubernativos al frente de las instituciones obedezcan las prácticas normativas de transparencia y rendición de cuentas, a efecto que la información burocrática esté sujeta a la auditoría ciudadana (tesis formulada por el politólogo doctor Alberto Aziz Nassif). En este sentido, todo servidor público con nombramiento institucional está obligado al avanzo de su labor; es decir, debe rendir a sus mandantes ciudadanos, mediante informe detallado, la contabilidad concerniente a los recursos presupuestarios que le han sido confiados.

El artículo 6º constitucional declara: «Toda la información en posesión de cualquier autoridad, entidad, órgano y organismo federal, estatal y municipal, es pública... Toda persona, sin necesidad de acreditar interés alguno o justificar su utilización, tendrá acceso gratuito a la información... Los sujetos obligados deberán preservar sus documentos en archivos administrativos actualizados y publicarán a través de los medios electrónicos disponibles, la información completa y actualizada sobre sus indicadores de gestión y el ejercicio de los recursos públicos...»

En tal virtud, la población mexicana debe ejercer este derecho constitucional a estar bien informada, así como exigir a sus mandatarios que de manera programática publiquen la información que generen durante su labor gubernamental, en especial la contabilidad de los recursos presupuestales. Por fortuna, gracias al avance tecnológico en sistemas informáticos, el funcionario puede cumplir fácilmente este requerimiento democrático y publicar, incluso de manera gratuita vía internet, toda la información relacionada con su encargo.

En referencia a lo anterior, la calidad informativa del Canal del Congreso, la cual no tiene parangón en la televisión comercial y de entretenimiento, coadyuva a la realización de esta prerrogativa ciudadana a estar bien enterada de los acontecimientos públicos gubernamentales.

El Congreso de la Unión, a través de la Cámara de Diputados, cuenta con la Auditoría Superior de la Federación, que es la única entidad mexicana con autonomía plena para verificar el correcto uso del erario por parte de todo órgano de gobierno en sus tres niveles, así como de todo ente particular con asignación presupuestal.

Sin embargo, a pesar que la ley es muy clara respecto a la rendición de cuentas, los legisladores no cumplen con este derecho a la información ciudadana, permitiendo opacidad durante la gestión de determinados servidores públicos, ya sea por cuestiones partidistas, políticas o cualquier otra de interés ajeno a la función pública.

En las mesas de trabajo de las respectivas comisiones, todavía los legisladores se preguntan entre ellos si es necesario requerir la presencia en el Congreso de la Unión de determinado servidor público, incluyendo a secretarios de Estado, a efecto que presente la respectiva contabilidad del gasto presupuestario o detalles de determinada labor gubernativa. Así, incluso en la presente legislatura se ha incumplido esta prerrogativa ciudadana de conocer la gestión pública y contable de sus mandatarios. Dicho soslayo legislativo, que omite el requerimiento contable de los servidores públicos, rara vez o de manera sesgada es publicada en los noticiarios de la televisión comercial, que es la única con señal abierta a nivel nacional; por lo que la ciudadanía no se entera de estos acuerdos antidemocráticos, los cuales, si fuesen televisados en señal abierta, generarían suspicacia en el electorado debido a la evidente generalizada malversación de recursos que comete la clase política tradicionalista que administra la hacienda pública.

Gracias al avance democrático de México, el Canal del Congreso emite cada una de las sesiones de trabajo de las comisiones legislativas, y los televidentes son testigos de facto sobre los acuerdos y dictámenes que realizan diputados y senadores. De esta forma, la obligación de transparencia se cumple y la sociedad puede tomar conciencia por sí misma de la importancia de la función legislativa como factor determinante en la adecuada fiscalización de los recursos estatales para prevenir la concusión del servidor público, en su defecto, aplicar el castigo que marque la ley.

Por el contrario, si la ciudadanía se percata de la laxitud legislativa que impide el ejercicio democrático de la rendición de cuentas, podrá emitir su inconformidad por los medios institucionales con el fin de reducir al máximo esa práctica corrupta y condenar electoralmente a los partidos políticos que abriguen a funcionarios corrompidos e ineptos.

2.- El Canal del Congreso.

El órgano rector del Canal del Congreso es la denominada Comisión Bicamaral del Canal de Televisión del Congreso de la Unión, compuesta por tres diputados y tres senadores que son elegidos por su respectiva asamblea; la cual cuenta con autonomía y autoridad plenas para analizar, debatir y acordar las medidas pertinentes que son implementadas para el correcto funcionamiento del canal, a efecto que este cumpla con la misión de dar total publicidad y difusión nacional a la actividad legislativa y parlamentaria; esto, en aras de transparentar el desempeño de los representantes populares.

En la actualidad, el canal legislativo tiene difusión nacional, pero sólo a través de la televisión de paga por sistema de cable y señal satelital, así como por internet, la cual es prohibitiva para la mayor parte de la población mexicana, que subsiste en la pobreza.

La difusión de la actividad camaral que realiza el Canal del Congreso es de gran relevancia nacional porque esto alienta la participación cívica de los mexicanos, fortaleciendo así la república.

Uno de los aspectos dañinos de la democracia partidaria subvencionada por el erario, es la divulgación indiscriminada de mensajes insidiosos con el fin de ganar adeptos y votos vía spots de radio y televisión; con la alternativa, según el fin propagandístico, si no se ganan seguidores, que el adversario los pierda. En esa propaganda partidista imperan las estratagemas publicitarias y mercadológicas para atraer a posibles votantes, relegando la realidad, provocando con esto un ambiente fantasioso donde la simulación política creada por los publicistas se impone a la percepción de la gente, la cual termina confundida repudiando la política y sus actores.

No obstante, la exhibición televisiva de los asuntos de interés público que se develan en el Honorable Congreso de la Unión, permite brindar al pueblo pleno conocimiento sobre los problemas del país y muestra la manera en la que todos y cada uno de los representantes políticos enfrenta su compromiso ciudadano para solucionarlos.

Con la eventual transmisión masiva por televisión abierta de las sesiones de trabajo y las discusiones parlamentarias llevadas a cabo en el Honorable Congreso de la Unión, permitirá a la ciudadanía tener un eje en torno al cual podrá asirse para ponderar, respecto a la realidad política con argucias publicitarias partidistas, su realidad cotidiana tal como ella la asimila. Así, cada elector podrá formarse un criterio asertivo referente a las alternativas democráticas que existen en México y esto motivará mayor participación electoral de calidad.

Así mismo, con una ciudadanía bien enterada sobre los asuntos republicanos a través de la exposición directa de estos, realizada por los representantes políticos y sociales gracias a la señal abierta del Canal del Congreso, será viable la instauración de procesos propios de democracias avanzadas: el referéndum, el plebiscito y la consulta popular. Esto, porque los poderes fácticos que protegen intereses ajenos al bien común dejarán de tener la influencia decisiva que ejercen sin restricción sobre la sociedad debido al apoyo de la televisión privada; así, este influjo oligárquico dejará de ser determinante en la opinión pública y el pueblo tendrá la facultad de formar su propio criterio sobre las posibles soluciones que requieren los temas de la agenda nacional.

Por otro lado, la práctica parlamentaria, en la cual participan

16

líderes políticos y sociales de todas y cada una de las entidades federativas del país, promueve por este simple hecho una cultura cívica nacionalista que difícilmente se difunde mediante los canales de la televisión privada ya que esta responde a intereses comerciales, donde se imprime a la información un sesgo no sólo mercadológico sino parcial, sensacionalista y falto de seriedad en la mayoría de los casos, para desalentar a la ciudadanía con relación a la política y la participación electoral, de tal manera que cuando hay elecciones, a pesar de la excesiva cantidad de anuncios invitando a la votación, la ciudadanía no confía en la veracidad de dicho acto democrático, y la mayoría del electorado se abstiene de acudir a las urnas para emitir el voto, sugestionado con la falsa idea que ningún político es digno de tomarse en serio porque la actividad política es algo que debe repudiarse por ser asunto de personas corruptas y esquizofrénicas. De esta manera, el mensaje publicitario, subliminal por medio de spots, pero también sugestivo a través de noticieros y programas de opinión y análisis no fidedignos que incluso han incurrido en el insulto personal con frases obscenas, consuma la iniquidad oligárquica de avasallar la democracia, obteniendo con esto dos fines abyectos: por un lado, desalienta a la ciudadanía de participar en los asuntos republicanos; por el otro, mantiene el statu quo de los poderes injerencistas en detrimento de la nación.

En cuanto a los programas noticiosos y de opinión y análisis faltos de seriedad que he mencionado, no precisamente me refiero a los programas políticos donde los analistas recrean su tema vistiéndose de payasos y demás personajes, lo cual es magnífico para llamar la atención de gran parte del público, acostumbrado a consumir comedia y otras cosas más divertidas que la política.

La cultura política que la población adquirirá gracias a los programas del Canal del Congreso en televisión abierta, formará generaciones de mexicanos más y mejor informados sobre los asuntos públicos del país, ello traerá consigo ciudadanos con mayor conciencia social que concebirán la necesidad de ver imprescindible su involucramiento en los asuntos de la comunidad y la búsqueda conjunta de soluciones entre la sociedad y el gobierno.

El público de la televisión de paga, el cual tiene el privilegio de disponer de los programas del Canal del Congreso, recibe educación política de calidad, pues atestigua en tiempo real las discusiones, discursos, acuerdos y puntos de vista de todas y cada una de las posturas de grupos de interés que existen en México; y esto, en la población que hoy en día no tiene la posibilidad de disfrutar una televisión de calidad como la que realiza el Canal del Congreso al difundir y reseñar la actividad congresista, de manera indubitable estimulará la conformación de nuevos líderes políticos y sociales que tanta falta hacen en nuestra nación, pues a todo lo largo y ancho del país hay tierra fértil donde la semilla que cada niño y niña representa germinará en el momento en que se identifique con la ideología de alguno de los diputados y senadores del Congreso de la Unión que lideran nuestra república.

Es por esto que la cobertura de señal abierta del Canal del Congreso debe cubrir todo el territorio nacional y no sólo la área metropolitana del Valle de México, con la finalidad que todos los habitantes tengamos la misma oportunidad informativa, en especial la niñez y juventud del estrato económico limitado, el cual no puede pagar el sistema de cable ni la antena satelital.

La aparición de grupos anárquicos promotores de la anómala acracia, los cuales rechazan toda clase de autoridad sobre sus vidas, quienes con actitud absurda pretenden imponer su equívoca ideología al resto de la población y recurren a la violencia contra los representantes sociales y las instituciones democráticas de nuestro país, se verán afectados gracias a la apertura nacionalista y democrática del Canal del Congreso, porque logrará proporcionar a la ciudadanía como medio de presión social el uso de la dialéctica y, en su caso, la organización de campañas de protesta pacífica y no de violencia o tácticas retrógradas de imposición que incluso profesores de escuelas públicas del país, lamentablemente, infligen a la sociedad debido a la incompetencia de gobiernos pueriles faltos de autoridad moral.

La era digital que ya comenzó a implementarse en México debe ser aprovechada en primer lugar por la televisión pública de representación plural y democrática, y abrir nuevo horizonte para la población que ha sido víctima durante la etapa analógica de un solo tipo de programación comercial y de manipulación psicológica, donde ha sido evidente la complicidad del otrora gobierno autoritario que delegó toda facultad de liderazgo en la televisión privada, la cual ha impuesto al pueblo de México fanatismos ideológicos y religiosos que responden a intereses injerencistas, es decir, la televisión que ha reinado en México es una televisión extranjera que engaña a la población, y cuyo sello principal es la hipocresía y su mejor mercancía la mentira. Tan así es, que en connivencia con otros grupos de poder fáctico, incluso de carácter institucional, ha logrado la condonación de impuestos, los cuales en otras naciones, bien administrados, son el fundamento de su prosperidad porque los destinan al financiamiento de programas sociales, culturales y educativos; por ejemplo, en el caso de Noruega que ha invertido en el fondo popular de jubilación gran parte de las divisas generadas por la industria petrolera, pues tiene un sistema tributario eficiente que permite contar con ese superávit. Sin embargo, la televisión privada en México tiene permitido no pagar impuestos mediante abusivas y antidemocráticas prerrogativas fiscales elaboradas ex profeso, utilizando el espectro radioeléctrico nacional para su exclusivo beneficio.

3.- Las ventajas democráticas del Canal del Congreso.

La principal ventaja del Canal del Congreso en comparación con la televisión comercial es la asignación presupuestal que tiene para su operación. El financiamiento público evita las prácticas corruptoras que involucran a los medios privados y funcionarios. Por un lado, en el Canal del Congreso no existe forma de sobornar o extorsionar a determinado servidor público para recibir privilegios o exenciones ilegales; tampoco se utilizan recursos de dudosa procedencia como ha ocurrido de manera reincidente en la televisión privada con los contratos confidenciales –algunos de los cuales perdieron esta clasificación porque ahora son del conocimiento general– para posicionar en la opinión pública a algún precandidato a puesto de elección popular. En la otra arista, ningún funcionario puede hacer uso indebido de su cargo para extorsionar al personal del Canal del Congreso con el fin de recibir trato preferencial, pues la Comisión Bicamaral es la única que ejerce la facultad rectora en dicho medio informativo.

Otra enorme ventaja democrática del canal legislativo es la integración cultural y étnica mexicana. Mientras en los canales de televisión privada prevalece una casta criolla que discrimina, con rasgos culturales cercanos a las costumbres anglosajonas y el movimiento hippy estadunidense de los años sesenta, pero tergiversado porque fomenta el consumo, en el Canal del Congreso hay cabida para mexicanos con ancestros étnicos y culturales prehispánicos; esto habla de una congruencia democrática en la política incluyente de la televisión parlamentaria: la igualdad esencial en todos los seres humanos. En este rubro, reconozco sinceramente el esfuerzo que Canal Trece de Televisión Azteca ha venido realizando al integrar de forma gradual la pluralidad étnica, nacional y extranjera, en su elenco de artistas, periodistas, conductores de revista, y análisis político.

Así mismo, en el Canal del Congreso no existe cobertura mediática para exaltar creencias ajenas al Estado laico, ni promueve fanatismos ideológicos o religiosos de ningún tipo. Esta es una ventaja adicional si tenemos en cuenta que la explotación religiosa ha servido para manipular psicológicamente al pueblo de baja condición social, en afán de enajenarlo política y culturalmente, con fines comerciales que empeoran la desigualdad.

La objetividad informativa y periodística es otra característica que hace del Canal del Congreso excelente medio para democratizar a México. El trato imparcial a la información es inevitable gracias a la transparencia organizativa del personal que allí labora, tanto en la narración legislativa como en las mesas de análisis, donde se privilegia el respeto a la inteligencia de los televidentes.

El Canal del Congreso también fortalece la identidad nacional debido a la transmisión de las sesiones parlamentarias, en las cuales convergen los representantes populares de todas y cada una de las regiones del país, y todos juntos discuten y consensan las políticas que llevan a cabo sobre asuntos de interés nacional.

Debido a las características de programación temática mencionadas, exclusivas del Canal del Congreso, es necesario que la Comisión Bicamaral considere la posibilidad de ampliar la cobertura del canal legislativo a todo el país, a efecto que la ciudadanía, sin importar en cuál entidad federativa se encuentre, goce de esta prerrogativa del derecho a la información, así como a la transparencia y rendición de cuentas de los servidores públicos. Esto fomentará de manera eficiente la cultura democrática en nuestro pueblo, necesaria para lograr que México evolucione y se convierta en una nación moderna.

4.- Conclusión.

Privilegiar intereses comerciales por encima de los culturales y educativos, lo único que provoca en la sociedad es agravar la desigualdad, pues no todas las personas tienen la misma capacidad de compra ni las mismas oportunidades de desarrollo.

Una característica primordial de la democracia es la igualdad, esta se logra con la integración de todas las personas en la búsqueda del bien común. Hablo de una igualdad de oportunidades para todos, no de la igualdad utópica que sólo existe en el abstracto; sino de la igualdad sustentada por la justicia democrática donde cada quien sea responsable de determinar la calidad de vida conforme al esfuerzo que esté dispuesto a realizar para conseguirla.

La nación que debemos construir para ser libres necesita de la participación de toda la ciudadanía, del esfuerzo e inteligencia de toda la comunidad, sólo así lograremos suprimir los flagelos que impiden nuestro desarrollo.

El principal *verdugo* de la sociedad es la *secretidad*[1] de sus funcionarios en el manejo de los recursos del erario, incluido el secretismo en la gestión gubernamental de las distintas fuerzas políticas que ahí intervienen.

En este contexto, el Canal del Congreso es herramienta indispensable para facilitar las prácticas de transparencia y rendición de cuentas concernientes a la actividad gubernativa con el fin de calificar la función pública, pero también para conseguir la igualdad de todos ante la ley, y la ciudadanía ejerza plenamente los derechos propios de una democracia auténtica.

*Fragmento corregido y editado de mi ensayo: El Canal del Congreso coadyuvante en la formación de líderes democráticos.

[1] *Cualidad de secreto. Palabra utilizada en Centroamérica.*

Votar conviene
8 de Diciembre de 2013

Votar conviene nació ante la necesidad de expresar el rechazo ciudadano a los partidos políticos que sólo velan por sus intereses y relegan las necesidades de la población.

Votar conviene pondera la importancia del voto independiente como la única vía legítima para lograr la transformación social y política en México que favorezca el crecimiento y consolidación de la clase media progresista.

En virtud de la reciente aprobación legislativa de la candidatura independiente –apartidista–, el voto independiente ahora no sólo se define por el sufragio realizado a favor de candidatos independientes, sino por el voto que expresa la voluntad del elector guiado por su albedrío en genuino interés cívico de participación democrática, consciente que su voto efectivo es el principio rector de gobierno y, por tal motivo, no admite ningún tipo de coerción para votar por determinada opción política, ya sea partidista, ciudadana o independiente.

El candidato independiente es el político ciudadano que por propia convicción no está afiliado en partido político alguno y en esa circunstancia decide competir por un puesto de elección popular a través de la candidatura independiente; pero esto no es impedimento si la oportunidad de aceptar apoyo partidario para concretar su aspiración política se presenta, entonces, la candidatura independiente se convierte en candidatura ciudadana. Respecto a esta definición, el candidato independiente no es candidato advenedizo, no es aquel político que ha pertenecido a un partido y, obedeciendo a interés particular, tal vez por haber sido rechazado para la candidatura partidista, decide renunciar a su partido para concursar por la candidatura de otro partido o la opción independiente.

Votar es prerrogativa constitucional del pueblo mexicano, es derecho que debe ejercerse, no se renuncia a este privilegio sin tener que sufrir las consecuencias del mal gobierno, el cual se impone debido a la apatía ciudadana que no responde al llamado democrático de las autoridades electorales cuando invitan a sufragar, pero también porque existe votación sistémica y programática de electores cooptados por el régimen oligárquico de partidos: la partidocracia. Estos 'soldados' electorales dependientes del establishment –poderes fácticos– no se abstienen de votar ni mucho menos anulan su voto, pues no son electores profanos.

En gran medida, los responsables de la actual degradación nacional son los electores que no acuden a la urna para emitir el voto efectivo o van sólo para cometer la insensatez de anular intencionalmente la boleta electoral. En elecciones intermedias, cuando se renueva la cámara de diputados, los abstencionistas representan alrededor del 70 por ciento del padrón electoral y por esta razón el voto clientelar de los soldados electorales de distintos grupúsculos tiene en su poder el control de las plazas y políticas gubernativas. De esta forma, con base en el clientelismo, cada una de las corrientes ideológicas protege electoralmente su respectivo coto presupuestal, ya que todas y cada una de ellas convergen en un común denominador: el erario.

Así, el 30 por ciento de los ciudadanos del padrón electoral son los únicos que emiten su voto, entre ellos los clientes electorales de las distintas facciones políticas, que representan alrededor de la mitad de los votantes efectivos. Esto significa que sólo el 15 por ciento de la ciudadanía sufraga, no para mantener privilegios y prerrogativas a costa del presupuesto estatal como hacen los coludidos con el sistema corruptor, sino por una auténtica motivación republicana. Lamentablemente, aun este voto democrático se había visto conculcado por los partidos políticos que se arrogaban el derecho a ser votados, impidiendo el registro de la candidatura apartidista ante el Instituto Federal Electoral (IFE), de conformidad con el artículo 218 del Código Federal de Instituciones y Procedimientos Electorales (COFIPE) que recientemente fue abrogado por inconstitucional. Ahora sólo falta la respectiva ley reglamentaria para expedir el pasavante de la candidatura apartidista al debido proceso electoral.

Con la finalidad de resaltar la importancia del acto de sufragar y la oportunidad que debiera significar para cada una de las personas de nuestra sociedad, supongamos que en este momento nos encontramos contabilizando los votos de las elecciones intermedias del año 2015 y sorprendidos descubrimos que la votación técnica se eleva a una participación ciudadana del ¡100 por ciento!, motivada por las terribles crisis laboral, alimentaria, financiera y económica, causadas y sostenidas por políticas intervencionistas como la hacendaria y la energética, impuestas a los mexicanos mediante el sistema oligárquico de partidos, más conocido por todos como partidocracia.

En estas elecciones intermedias de 2015, los soldados electorales no pudieron revertir con su activismo el mandato ciudadano que ordenó un cambio radical en las políticas de gobierno, pues cada uno de los sufragios independientes es contrario a los cuatro partidos hegemónicos del régimen oligárquico.

Pero esto no es todo, porque los cuatro partidos en cuestión han perdido el registro ante el Instituto Nacional Electoral (INE), sustituto del IFE, pues la votación de los soldados electorales no supera el mínimo porcentaje requerido para que las organizaciones políticas Partido Revolucionario Institucional (PRI), Partido Acción Nacional (PAN), Partido de la Revolución Democrática (PRD), y Partido Verde Ecologista de México (PVEM) conserven las canonjías partidistas.

Todo esto se ha logrado en un solo día de nutrida y entusiasta votación nacional. No es necesaria la versión siglo XXI de la Revolución Mexicana ni todas las tragedias y muertes, ¡más de un millón!, que trajo consigo en el siglo pasado, porque hoy por hoy los mexicanos honraron con su voto indignado la memoria del pueblo revolucionario que sacrificó la vida luchando por el establecimiento de un gobierno patriota, ajeno al engaño, a la dependencia política, económica, alimentaria y energética extranjera, y al crimen organizado; consciente que el gobierno respetuoso de la voluntad democrática es superior al gobierno sometido a intereses oligárquicos.

Ante el inaudito resultado electoral, los partidócratas intentan –una vez más– insultar la inteligencia del pueblo mexicano. Primero, los perdedores se mofan del conteo rápido en el cierre de la votación descalificándolo de la manera más ruin, apoyándose en las dos principales televisoras de cobertura nacional –imperialistas–, las cuales también reprueban cínicamente el resultado del proceso electoral pergeñando argucias psicológicas discriminatorias y racistas esgrimidas por famosos del espectáculo noticioso para tratar de amedrentar a la ciudadanía. Desesperados, los mandamases del régimen inhabilitan el sistema de cómputo del INE con la colaboración de Virusbrando, S. A. de C. V., para evitar que se formalicen las tendencias electorales.

Por suerte, un grupo de patriotas comprometidos con la democracia, compuesto por periodistas, empresarios, y líderes de movimientos ciudadanos políticos, más candidatos ganadores, mantienen informada en todo momento a la sociedad acerca de los últimos acontecimientos y organizan a los electores utilizando las redes sociales en internet, telefonía móvil, y medios informativos del México independiente, disponiéndose a defender el voto mediante actividades de presión civil que no se habían visto desde la época revolucionaria. «¡Mueran los traidores de la democracia!», es la consigna.

Gracias a la determinación del pueblo mexicano, el presidente de la república, bajo la amenaza de un golpe de Estado provocado por la partidocracia, no tiene otra alternativa que ordenar de inmediato el restablecimiento del proceso electoral para contabilizar la totalidad de los votos y oficializar el indiscutible triunfo de la democracia institucional mexicana, así como también ordena la aprehensión inmediata de quienes vilmente colocan a la institución presidencial en esta encrucijada e intentan realizar el golpe de Estado contra los Poderes de la Unión por medio del sabotaje al sistema informático del INE, y con el cual pretenden consumar el tercer gran fraude electoral de la historia reciente de México.

La iniciativa presidencial fue cumplida, y cuarenta y ocho horas después del fallido atentado golpista de la partidocracia, el pueblo de México todavía se encuentra a la expectativa para defender el voto cuantas veces sea necesario. Los conteos electorales se realizan en aparente calma y con resultados congruentes al mandato ciudadano en las urnas, de acuerdo con el conteo rápido del Programa de Resultados Electorales Preliminares (PREP) del domingo anterior.

La mayoría de los capos del régimen que por la noche del domingo pasado intentaron el golpe de Estado ahora se encuentran en la cárcel, pero otros cabecillas partidócratas logran escapar a sus países de origen utilizando pasaportes de su verdadera personalidad y nacionalidad, con dirección a Estados Unidos, España y Argentina, principalmente, países a los que rinden máxima lealtad burlándose de la nacionalidad mexicana que indignos usan y del pueblo mexicano que sojuzgan.

Es miércoles en el mediodía y la autoridad electoral está emitiendo los resultados oficiales de los comicios. Efectivamente, los partidos PRI, PAN, PRD y PVEM han perdido el registro ante el Instituto Nacional Electoral, pues ninguno de ellos obtuvo el nuevo mínimo requerido del 3 por ciento de la votación. El PRD, el PAN, y el PRI juntos consiguen un total de cinco diputaciones de representación proporcional que significa el 1 por ciento de la cámara baja; el PVEM se despide en blanco.

El partido Movimiento Ciudadano (MC), que en la elección anterior estuvo a punto de perder el registro, hoy logra el 51 por ciento de la votación con doscientos cincuenta y cinco candidatos ciudadanos triunfadores que postuló, y los candidatos que compitieron de manera independiente o fueron abanderados por el Partido Nueva Alianza (PANAL), el Partido del Trabajo (PT), y el recién creado Partido López Obradorista (PALO), obtienen juntos el 48 por ciento restante.

Jubilosos, los mexicanos festejan el triunfo de la democracia. Toda ciudad, pueblo y ranchería participa exultante de la buena nueva electoral. La victoria republicana es cantada en todos los rincones urbanos y rurales del país, en especial por los niños y jóvenes, pero los adultos no se quedan atrás y también festejan lúdicamente como chamacos emocionados:

¡Hay gran fiesta nacional!

¡México ganó, venció al abstencionismo y la indolencia!

¡Méééééxico caaampeóóóóón!

¡Gol! ¡Gol! ¡Gol! ¡Gol! ¡Gol! ¡Goooool! ¡Gooooooooool!

* * *

Dos años después de aquel triunfal cenit de la democracia mexicana, el país avanza en todos los rubros deseables. La economía empieza a ser boyante, aquellas crisis recurrentes fueron superadas permitiendo así salvaguardar la cuestión alimentaria; y la misérrima situación financiera que obligó al pueblo a acudir a las urnas en busca de un desesperado cambio de régimen también ha cesado, porque se anuló la inflación al cortar de tajo la corrupción, la ineptitud, la traición y el despilfarro gubernamental en que incurrían los mexicanos de papel. El Producto Interno Bruto (PIB) crece al 25 por ciento anual, congruente a los inmensos recursos nacionales.

Por su parte, el presidente de la república, fiel a su estilo, logra tener diálogo eficaz con el Congreso de la Unión, ni siquiera fue necesario dictar línea a sus correligionarios del senado para que respetaran las iniciativas de la cámara baja, pues, como pocas veces en la historia patria, los diputados están apoderados por el pueblo mexicano; además, los otrora partidócratas del senado están rendidos a la república. Los Poderes de la Unión trabajan coordinados como nunca antes cumpliendo a cabalidad la Constitución y las leyes, y por fin asumen con seriedad su respectiva responsabilidad y liderazgo.

El establishment de los poderes fácticos es pasado del México heterónomo que tampoco existe más porque la nación evoluciona resuelta a su realización plena. Tanto es así, que incluso el pueblo estadunidense, alentado por el civismo mexicano, despierta de su letargo y exige el establecimiento de un gobierno que atienda los graves problemas de Norteamérica: el desempleo y la pobreza, y que olvide la política imperialista llamada globalización.

Todo México, con entusiasmo ineluctable, se prepara para las elecciones presidenciales del próximo año. A todo lo largo y ancho del país se conforman grupos solidarios que animan a sus compatriotas a participar en las diversas actividades políticas benefactoras de la comunidad que realizan los precandidatos a puestos de elección popular. Incluso en el ámbito deportivo los campeones alientan a la sociedad a actuar cívicamente; verbigracia, los futbolistas con cada anotación festejan el gol señalando una equis en imaginaria boleta electoral.

Ante los magníficos resultados logrados gracias a la participación ciudadana, la república comprende al fin que si ella misma no trabaja para su propio bienestar, ningún político tradicionalista tomará la iniciativa, aunque jure una y otra vez que lo hará.

¡Sí!, por todo lo anterior: ¡Votar conviene!

La técnica del disfraz
8 de Diciembre de 2013

Rebeca, la esposa de Isaac, inventó la técnica del disfraz hace cuatro milenios para que Jacob caracterizara al primogénito Esaú, ambos fueron los hijos del matrimonio. La primera víctima de esta arte teatral fue Isaac, pero en realidad toda la familia se resquebrajó y nunca pudo recuperarse de este golpe. Las consecuencias de aquel ardid todavía están presentes en nuestros días, es la historia de Israel y el pueblo judío. Jacob, quien fue bautizado por **Jesús** (Él dijo de sí mismo: «Yo Soy el primero y el postrero») con el nombre Israel, despojó de la primogenitura a Esaú a cambio de un plato de lentejas, contrato que Isaac no aceptó porque amaba a Esaú, ya que comía de su caza, pero Rebeca aprobó.

Seguramente, Jacob merecía la primogenitura porque Esaú no midió las consecuencias de cambiar sus derechos de primogénito por un plato de lentejas; la transacción parecía absurda, ¿quién tomaría en serio esa negociación? Esaú tal vez pensó que el acto era insignificante.

No fue un hecho intrascendente, el pacto tenía que cumplirse y Rebeca tomaba las precauciones necesarias para que el plan de transmitir a Jacob todas las fortunas que correspondían a Esaú fuese cumplido por parte de Isaac, heredero a su vez de las bendiciones del

31

padre Abraham. Lo que a Jacob interesaba no sólo se trataba de los bienes materiales, lo cual habría sido la suposición inicial de Esaú, sino que la declaración de venias, simultáneamente con la imposición de manos por parte de Isaac, significaba la parte más importante de la heredad.

Ocultar a Isaac las verdaderas intenciones de Jacob sobre la compra venta de lentejas era primordial, porque si Isaac se enteraba de la osadía de Jacob que llevaría a cabo la estratagema de Rebeca, resultaría muy perjudicial para ellos y dicho convenio de lentejas tendría que anularse.

Sólo había un obstáculo para culminar el despropósito de Rebeca, ¿cómo lograr que Isaac sacramentara a Jacob con las bendiciones que pertenecían al primogénito?, pues, aunque Isaac por su longevidad perdió la vista, siempre que hablaba con alguno de sus hijos lo palpaba para estar seguro que el lampiño Jacob no suplantaba al velludo Esaú como en otras ocasiones había sucedido. Jacob hacía honor al significado de su nombre: usurpador. Esaú y Jacob –hermanos gemelos– de niños jugaban intercambiando sus respectivas personalidades y se divertían desconcertando a sus padres y amigos, quienes al principio festejaban las ocurrencias de los chamacos. Aquella costumbre se arraigó en el joven Jacob. Isaac sabía de la afición de Jacob y se indignaba cada vez que lo descubría suplantando a Esaú, pero Rebeca consideraba esa posibilidad para que el pacto de lentejas se cumpliere.

La hora de la verdad llegó. Isaac llamó a Esaú para manifestarle que iba a bendecirlo con los derechos de primogénito, pero antes de agraciarlo pidió a Esaú que saliera a cazar y preparara un exquisito tatemado. La ocasión para el banquete era oportuna, sería día memorable. Para su propia desgracia, Esaú no advirtió a su padre Isaac que la primogenitura correspondía a Jacob, no tenía intención de cumplir la palabra empeñada y entusiasmado salió a la caza de un apetitoso montés para complacer a su padre, no imaginaba la traición que Jacob y su madre Rebeca urdían contra Isaac.

Ominosa, sin duda, era la acción de Jacob a quien no importaba insultar la inteligencia de su padre Isaac; sin embargo, Jacob no violaba el mandamiento de Dios que estipulaba las canonjías del primogénito, pues Esaú bajo juramento vendió la primogenitura. El caso es que Jacob se había planteado recibir los privilegios familiares y para esto contaba con la complicidad y el ingenio de su madre Rebeca, de quien era el hijo predilecto; únicamente en ella podía confiar.

Recubriéndose los brazos y la cara con la piel de dos cabritos domesticados que Rebeca cocinó, y vestido con la ropa más preciosa de Esaú, Jacob se presentó ante su padre ofreciéndole la deliciosa comida. Isaac, perplejo por la rapidez con que Esaú regresó con el cimarrón ya cocinado, sospechó que era otro engaño de suplantación por parte de Jacob, y suspicaz tocó los brazos y la barbilla de Jacob, pero al tocar la piel hirsuta de los cabritos sacrificados, Isaac cayó en la trampa creyendo que era Esaú quien estaba presente.

Con la solemnidad que el acto ameritaba, Isaac rememoró a su padre Abraham y mencionó los pormenores de las bendiciones de primogénito. Ahora, ante Isaac se encontraba el beneficiario de estas bienaventuranzas y, colocando las manos sobre la cabeza del muchacho, confiado en que su amado hijo Esaú recibía el sacramento, en rigurosa ceremonia bendijo a Jacob. Cuando Esaú volvió del campo, Isaac descubrió que había sido engañado, y Esaú, al enterarse de los acontecimientos, juró que mataría a Jacob el mismo día en que su padre muriere. Sin embargo, Rebeca se enteró de la amenaza de Esaú, por lo cual una vez más manipuló a Isaac para librar a Jacob de peligro, a quien envió a la región lejana de Padam-aram, ¡para gestionarle esposa!, con el argumento angustioso: «Fastidio tengo de mi vida a causa de las hijas de Het, ¿Para qué quiero la vida si Jacob toma mujer de las hijas de nuestro vecino Het?»

Originalmente, los implementos utilizados para degenerar el rostro eran burdos, como la piel de los cabritos que Jacob usó para simular la barba. Tiempo después, mientras se afinaba la técnica, más partes de la cara podían transformarse usando piezas de madera tallada, piel curtida, peluca, dentadura postiza, y cualquier otro objeto utilizable para modificar rasgos fisonómicos. En nuestros días, un hato de disfraz completo debe contar con bastón, muletas, tacones, zancos, cojines, botarga, peluquín, pupilentes, cejas y pestañas postizas, etcétera, sin soslayar los materiales imprescindibles de la técnica: silicón, látex, pegamento y tinta para la epidermis. En casos extremos están quienes recurren a cirujanos plásticos para modificar temporalmente el rostro o arreglar alguna imperfección física como una cicatriz en el cuello o un dedo meñique cercenado que pueda exponerlos a ser descifrados. También debe considerarse que un buen disfraz sólo es convincente con una excelente actuación: impostación de la voz, tics nerviosos, actitudes persuasivas o disuasivas, simpatías, enfermedades, y todo lo que sea útil para el artificio, incluso fingirse loco, como hizo el rey David cuando tuvo necesidad de entrar a Filistea para sobrevivir.

Durante el proceso de la asunción de Jacob a primogénito, Rebeca utilizó tanto la técnica del disfraz como la actuación para lograr sus fines. Ella es la madre de estas dos profesiones. Algo tenía Isaac que Rebeca así se las ingeniaba, ¿no te parece?

Si una persona utiliza los mejores equipos realistas que existen hoy en día para disfrazarse, pero no modifica su ego con la caracterización, sino que soslaya esa parte fundamental de la técnica del disfraz, puede tener la certeza que, en lapso razonable de trato cotidiano, será plenamente descifrada y descubierta. Por otro lado, un

34

anticristo disfrazado de ángel que transforme su yo interno pasará por verdadero santo o pastor cristiano así se trate de un belcebú.

En el primer siglo de la era cristiana, Roma comenzó la persecución y genocidio contra la iglesia, finalizando dicha cacería en el siglo IV cuando el emperador Constantino se convirtió en el primer papa de la historia al darse cuenta que los cristianos proliferaban a pesar de las masacres, viéndose obligado a sincretizar la religión romana con simbolismos cristianos y declararse vicario del Dios israelita. Así surgió la religión católica. Una de las fallas trascendentales de aquella represión abominable consistió en que el imperio romano se infiltró en la iglesia de **Jesús** empleando espías con la vil tarea de descubrir grupos congregacionales que se ocultaban para estudiar las Escrituras y los Evangelios.

Cada espía que existe en el mundo es una daga de dos filos. Debido a los resultados que obtuvo Roma en el fallido exterminio cristiano, es evidente que muchos de estos espías recularon contra el imperio romano. Incluso el emperador romano que se consideraba a sí mismo Dios terminó deponiendo esa supuesta divinidad para proclamarse sucesor del apóstol Pedro y fiel siervo del humilde Mesías judío. ¿Cómo ocurrió este grave error estratégico del ejército romano tan disciplinado, leal, poderoso como ninguno sobre la Tierra, y que nadie se atrevería a traicionar?

Interrogante difícil, por lo que este cuestionamiento asaltó al emperador Constantino que desesperado vistió ropas comunes y así disfrazado se infiltró en la iglesia cristiana sin avisar a sus soldados. De esa manera, Constantino hizo honor a su nombre y tenaz constató personalmente, gracias a la información que la iglesia primigenia divulgaba y la filosofía de amor que practicaba, que existía un hecho histórico irrefutable: la crucifixión, muerte y resurrección de **Jesús** de Nazaret.

Una eventual traición en el cuerpo de espionaje de un país, institución, empresa transnacional o cualquier otro organismo de inteligencia ocurre siempre porque el ser humano es impredecible cuando se confronta a sus propias convicciones. Por tal motivo, dichas organizaciones secretas procuran alistar individuos sin escrúpulos, dispuestos a traicionar incluso a sus propios padres, hermanos o hijos si es requerido –lo cual por cierto ocurre con frecuencia–, ya que los espías, utilizando trampas abyectas como la coacción hipnótica inicial de manipulación transitoria, aunada a extorsión o soborno, reclutan a personas de moral laxa entre familiares, parientes y demás allegados de sus víctimas. Esto no debe sorprender a nadie, sólo recordemos la rivalidad entre Jacob y Esaú, la cual zanjó gracias a mediación divina, pues los padres Isaac y Rebeca fueron dominados por aquel conflicto familiar.

Ante la grave situación experimentada durante la persecución a la iglesia cristiana, donde los espías romanos eran transformados en fieles de **Jesús** gracias a la realidad histórica y la empatía que generaba el cuerpo de la iglesia, la técnica del espionaje implementó el relevo múltiple de caracterización empleando "espías contrafiguras [sic]" –dobles– para evitar al máximo las conversiones.

El relevo múltiple consiste en suplantar a un espía –el protagonista– con varios agentes secretos. Cada espía secundario interpreta por tiempo definido al personaje del espía protagonista. Así es difícil que los agentes de espionaje logren ser convertidos por las víctimas, pues el poco tiempo que están en la caracterización del espía protagonista no les permite mantener relación duradera ni empatía alguna debido a que son varios los testaferros de un solo personaje.

El relevo del espía protagonista requiere extremo cuidado para evitar que sea descifrado; a esto se debe que los mejores espías son actores y actrices profesionales, de esos que actúan en obras de teatro, películas y telenovelas, pues no basta un buen disfraz fisonómico con máscara realista, también es necesario efectuar con maestría la suplantación de la personalidad y el carácter distintivo del personaje.

En ocasiones, para realizar el relevo del personaje espía se necesita el enajenamiento momentáneo de la víctima por medio de droga hipnótica para que no perciba las diferencias fisonómicas del espía secundario que suplanta al protagonista, personaje clave en la organización enemiga, o en la familia engañada, que no se percata de la infiltración. No obstante, si alguno de los espías secundarios es susceptible de ser descifrado, el espía principal lo releva de inmediato para confundir a la víctima que pudiese haber descubierto la farsa, pero esta modalidad tiene grave defecto, porque cuando la víctima ha descifrado a uno de los espías dobles, no cambiará su parecer aunque la hipnoticen para tratar de disuadirla, al contrario, van a corroborar la sospecha de la víctima y el espía protagonista quedará expuesto.

En cuanto a la calidad del disfraz, debo precisar que algunos disfraces son exigentes, pero otros únicamente requieren un alocroísmo en la piel y algo de impostación en la voz. Para colorear la epidermis hay maquillaje normal y tinta indeleble, usar uno u otra depende de la actividad y el tiempo que dura el disfraz. También existe medicamento para estimular la producción de melanina en la piel blanca. Así, muchas personalidades del espectáculo pueden transitar sin problema por calles concurridas o salir de compras al supermercado sin ser descubiertas, simplemente atezan su piel caucásica con maquillaje café y no hay quién las reconozca.

Simpática e impetuosa actriz y modelo aceptó durante una entrevista que ella tiene la costumbre de salir disfrazada a la calle, incluso de transportarse en el democrático microbús. Me consta que dicha confesión es verdadera porque años antes de aquella entrevista la vi subir al microbús en el cual yo viajaba. En el momento de bajarme del colectivo, le jugué una broma. Mencioné sovoz el nombre de esta hermosa actriz, muy cerca de ella, sin voltear a verla, y reaccionó con sobresalto como si hubiese recibido leve descarga eléctrica. Dicha actriz es divertida, bella, inteligente, protagonista excepcional de telenovelas, pero como conductora de revista es ruda, parece luchadora, de armas tomar. Bajé rápido del microbús, *¡no vaya a ser!*

Anécdotas igual a la anterior recuerdo varias, sin embargo, no todas son divertidas ni me interesa dar nombres de los involucrados, pues a pesar que hay espías mortificando a personas inocentes, otros son favorables a la sociedad cumpliendo la misión de salvaguardar el Estado de derecho y la seguridad nacional. El problema consiste no sólo en detectar a los espías delincuentes, sino que también debemos terminar con el sistema político pro homosexual –homosexualista– que anima a esta clase de abusos gubernamentales contra el pueblo mexicano.

En cada escuela del país existen niños, niñas, jóvenes, profesores y empleados en general de planteles educativos que están activos sirviendo como espías inmorales, corrompiendo a la niñez y juventud más distinguida de México mediante la perversión sexual, éste es el eje en torno del cual se mueven las cofradías del establishment, ya que es la mejor garantía de *secretidad* y lealtad: el usufructo de la inmoralidad sexual.

Si alguien cree que es falso lo que afirmo, ¿por qué razón a cadetes que expulsan por homosexuales de planteles militares, cuando no los utilizan para prostituirlos en las calles del puerto veracruzano o la calzada de Tlalpan, los reclutan en el servicio de inteligencia, pero otros homosexuales tienen permitido continuar en dichos planteles militares? ¿Será porque los homosexuales que no son expulsados vienen de tiempo atrás trabajando para el sistema inmoral? Pregunto esto sin exceptuar a los 'cadetes' pederastas que en realidad son actores profesionales disfrazados, contratados por las autoridades militares con la intención malvada de seducir a cadetes utilizando drogas hipnóticas para trampearlos, y algunos de los cuales doblan la edad de los donceles.

Un diputado federal de la anterior legislatura citó una misantropía con la que manifestó, grosso modo, que no hay hombre guapo ni mujer hermosa que no sea inmoral sexualmente hablando. Fue tachado de misógino por parte de las diputadas *misándricas* –androfóbicas–, sin embargo, esa es la pretensión de las cofradías heterofóbicas, reclutar todo hombre y mujer que se distinga del resto, ya sea por inteligencia, hermosura o cualquier otra virtud, pues ellos a su vez serán los mejores activistas inmorales.

La situación se agrava cuando los pervertidores utilizan recursos psicológicos para alienar a sus víctimas mediante drogas hipnóticas, engañándolas con la falsa afirmación que ellas son homosexuales y que cualquier cariño o sentimiento de amistad a sus congéneres es inmoral. No obstante, cuando las víctimas tienen plena convicción moral y seguridad en su heterosexualidad porque así han decidido ser, es obvio que no aceptarán la supuesta homosexualidad, y, por no enterarse que fueron manipuladas hipnóticamente de manera transitoria para cometer algún acto inmoral, o sufrir alguna sugestión como interesarse inconsecuentes por un congénere, prefieren suicidarse; esto, debido a la depresión anímica incontrolada que sufren por falta de madurez emocional característica de la etapa juvenil. Además, los espías del corrupto establishment cuando no pueden pervertir a sus víctimas las prefieren muertas, por lo que si estas no deciden quitarse la vida, son ellos quienes las inducen al suicidio.

Siempre ha habido voces alertando que la Sodoma y Gomorra de esta época procede del Vaticano. La inmoralidad sexual vaticana es su sistema de control político cuando la explotación de la fe no basta y tiene cómplices homosexuales en los gobiernos y medios masivos de comunicación occidentales. A pesar de las denuncias por pederastia clerical nadie había reconocido este problema; sin embargo, recién nombrado el Papa Francisco aceptó que existe una cofradía "*lobby gay* [sic]" homosexual en la curia romana. Entonces sí hay homosexuales en el Vaticano y se autonombran representantes de dios en la Tierra, ¿de cuál dios? El apóstol Pablo llamó al espionaje romano «el misterio de la iniquidad [2 Tesalonicenses 2:7]», y el capítulo uno de la Epístola a los romanos hace referencia a los homosexuales que conforman esa archicofradía occidental.

Los homosexuales son sexópatas porque su aberrante práctica es contra natura; científicamente se ha descubierto que la homosexualidad en perros y pingüinos se debe a una psicosis; muchos de estos psicopáticos han logrado sobresalientes puestos políticos y en México impusieron que la Suprema Corte de Justicia de la Nación (SCJN) avalara el anticonstitucional 'matrimonio' entre pederastas, también legalizó para los homosexuales la adopción de niños y niñas, sus víctimas preferidas.

Los políticos homosexópatas asimismo lograron que la palabra maricón haya sido prohibida por la homosexualista SCJN, esto es tan absurdo como su inmoralidad. Con esa medida pseudojurídica, los magistrados prevaricadores que consintieron este abuso político implícitamente prohibieron la *mariconera* –bolso de mano para hombres–, muchos en el estado de Sonora la usamos, y no somos maricones.

Lo peor del espionaje gubernamental mexicano utiliza la técnica del disfraz, el uso de somníferos en spray para allanar viviendas, la manipulación hipnótica con psicotrópicos, la inmoralidad sexual y el asesinato; en pocas palabras, es el impune crimen organizado en su versión más cruel actuando contra ciudadanos inocentes y menores de edad. Hay que hacer algo, urge un sistema de inteligencia ciudadano no militarizado que sirva de contrapeso a los fascistas, delincuentes gubernamentales sirvientes de cofradías adversas a la moral del pueblo mexicano.

Los inmorales sodomitas se dan el tiempo necesario para organizar los ataques, sus mejores efectivos son reclutados desde la niñez, en la mayoría de los casos son sus propios hijos, en esa temprana edad los enseñan a disfrazarse para actuar contra otros menores en las escuelas.

La violación sexual ocasionada a una niña de seis años de primer año de primaria por parte de cuatro niños de once años de edad, que ocurrió en el sanitario de la escuela el 7 de noviembre de 2013, en el estado de Sinaloa, cuyos hechos fueron encubiertos por las autoridades escolares tal vez porque el padrastro de uno de los niños acusados es magistrado del Segundo Tribunal Colegiado del Estado, es un caso típico del modus operandi de esa cofradía fascista que denuncio. Muchos de estos niños con el paso del tiempo llegan a ser famosos del espectáculo, pues es común que el espionaje lleve aparejada una carrera artística.

Debe existir registro genómico de cada niño y niña en los planteles educativos para evitar la duplicidad de personalidad y el uso de seudónimos, y archivar estos datos para posteriores cotejos.

Cuando ingresé a la Policía Federal en el año 2007, los reclutadores, en el momento de tomar el registro dactilar de cada aspirante, utilizaban una jerga empapada de agua para restregarla en las manos de los agentes noveles con la finalidad de detectar a quien se hubiese colocado huellas dactilares postizas o maquillaje café para intentar causar alta con falsa identidad en la institución policial.

Los delincuentes conocen muy bien la técnica del disfraz y la utilizan para su propio beneficio en agravio de los ciudadanos, por lo que es menester alertar a la sociedad sobre este grave problema. De manera inexplicable todavía nadie en los medios masivos de comunicación mexicanos ha dicho nada sobre la técnica del disfraz realista y su aprovechamiento por los delincuentes. Los presentadores sensacionalistas del espectáculo noticioso cuando mucho publican varios retratos hablados de algún delincuente con el rostro degenerado por igual número de disfraces, e invitan al público a denunciar, en su caso, la localización del sujeto, pero no muestran imágenes del sospechoso con cambios de color en la piel; y no hacen esto porque los mismos presentadores de noticias utilizan el maquillaje café para atezar su piel y ocultar su personalidad con el fin de infiltrarse en movimientos nacionalistas de izquierda, como el denominado Movimiento de Regeneración Nacional (MORENA). En la televisión mexicana hace falta un buen reportaje profesional sobre la técnica del disfraz realista y la caracterización.

El asunto del espionaje en México es muy delicado, por lo que apremia la instauración de una organización no gubernamental especializada para regular el funcionamiento de las entidades secretas. La ciudadanía debe tomar una resolución respecto a este peligroso y perjudicial problema, ya que la familia es el blanco principal de los agravios.

Todos y cada uno de los servidores públicos, lo mismo civiles que militares del gobierno mexicano en los niveles federal, estatal y municipal, deben estar identificados a detalle y mantener registro personal en el Instituto Federal de Acceso a la Información y Protección de Datos (Ifai). Junto con esta medida, todos y cada uno de los actores y actrices mexicanos o extranjeros residentes en nuestro país, así como todos y cada uno de los empleados que trabajan en los medios masivos de comunicación, privados y del Estado, también deben identificarse ante el Ifai mediante la Secretaría de Gobernación y ser supervisados durante el proceso de registro por una organización no gubernamental contra delitos de espionaje. Esto, para cotejar las cédulas fenotípicas a efecto de detectar duplicidad de personalidad. Cuando esta propuesta sea implementada, dará muchas sorpresas, lo aseguro.

¿Necesitamos tener otro secretario de gobernación registrado en el padrón electoral de un país europeo como ocurrió en años recientes?

Si esto ocurre en nuestro país al más alto nivel gubernativo, ¿qué está pasando a niveles inferiores?

¿Qué esperas para tomar la iniciativa de liberar a México de este yugo extranjero que nos imponen los mexicanos de papel? Por lo menos, no te abstengas de votar cuando corresponda, y tampoco cometas la necedad de vender o anular intencionalmente tu voto.

La bota volteada
4 de Abril de 2013

—Humanos gigantes habitaban la Tierra antes del Diluvio, hay testimonio de ello en las Escrituras hebraicas.

—La estatura de aquellos gigantes medía de tres a más de cinco metros, casi los seis según otros escritos. El tardío Goliat tenía tres metros de altura. Pero, ¿a qué se debe la desaparición de aquellas gigantescas personas?

—La hipótesis acertada considera que la etapa diluviana es la causante de la decadencia de excelsas condiciones de vida en la Tierra, situación que generaba estas características colosales, no sólo en el humano, también en la flora y fauna.

—Excepción hecha de lo ocurrido en el paraíso con Adán y Eva, el Diluvio representa el mayor cisma producido en la existencia de la humanidad y del planeta entero. Todos los animales terrestres y los seres humanos murieron ahogados, salvo Noé y su parentela —su mujer, tres hijos y tres nueras—, quienes creyendo en las advertencias del patriarca sobre el desastre que anunciaba, se refugiaron en la Arca junto con él; también, por haber abordado la Arca sobrevivieron a la mortandad todas las especies animales existentes en la superficie terrestre; se protegieron en la barcaza una pareja, hembra y macho, de cada especie animal sucia, más siete parejas, hembra y macho, de cada especie animal limpia; con esa medida se comprobó —dicho sea de paso— que la heterosexualidad significa todo y es lo correcto en la naturaleza. Después del Diluvio, tanto las ocho personas como los animales se avinieron a su nuevo hábitat; igual ocurrió con la vegetación.

—Dentro de las complicaciones del Diluvio está que trajo consigo un desacomodo planetario que afectó a la Tierra en relación con nuestro sistema solar. Cambió el clima, ¡jamás había llovido antes del Diluvio, sino que una suave brisa cubría la faz de la Tierra!

—Debido al deterioro del medio ambiente y la alimentación, los seres humanos comenzaron a ver disminuida su estatura y a menguar sus años de vida, pues el clima estable que abrigaba a todo el globo terráqueo se volvió irregular porque el fenómeno diluviano alteró el ángulo de rotación y el movimiento de traslación del planeta, dando lugar a las cuatro estaciones climáticas del año; y de los multivariados vegetales —nutritivas y sabrosas legumbres, hierbas, semillas y frutas—, así como gran diversidad de hongos y carnes magras que antes del Diluvio comían niños, niñas, mujeres y hombres, ahora sólo contaban con la alimentación que el nuevo clima estacional y malas condiciones atmosféricas —con rayos solares impuros desde entonces— permitían cazar, criar, cultivar o recolectar, dependiendo de cada región, trayendo consigo consecuencias en su organismo ocasionadas por la menor calidad de los alimentos que consumían y por el clima donde vivían.

—Con relación a los vegetales que cosechamos en la actualidad, estos no son tan nutritivos como los que cultivaban en los tiempos de Noé debido a los productos químicos que utilizamos en la agricultura, no obstante, continúan siendo la mejor opción para una alimentación saludable; también hemos alcanzado altos estándares de calidad en el cultivo que utiliza fertilizantes orgánicos y herbicidas naturales, con abismal diferencia en comparación a cultivos transgénicos, los cuales provocan cáncer y destruyen ecosistemas.

—Por otro lado, especies migratorias como la mariposa monarca proliferaban en todo el planeta de la era antediluviana, no tenían necesidad de viajar enormes distancias para reproducirse, sino que dentro de una misma región buscaban la altitud con la temperatura y las condiciones idóneas de su hábitat reproductivo.

—En el Génesis las personas vivían cientos de años, ¡Matusalén vivió novecientos sesenta y nueve años! En nuestros días, los más longevos alcanzan a festejar su último cumpleaños alrededor del octogésimo, y son contados en el mundo quienes cumplen cien años o poco más, esto, aun con los maravillosos avances que hemos logrado en la ciencia médica.

—Así mismo, las personas postdiluvianas no somos étnicamente homogéneas como fueron nuestros antepasados, pues con el transcurso de los siglos las diferentes razas comenzaron a acentuarse conforme se expandían los pueblos sobre la Tierra.

—La variación de los colores de piel y las particularidades de rasgos fisonómicos derivaron en la aparición progresiva y paulatina de los linajes humanos: cobrizo, amarillo o mongólico, negro o negroide, y blanco o caucásico; que si bien ya se encontraba en nuestra genética el desarrollo de las características raciales, estas catalizaron a partir de la manifestación espontánea de las diferentes lenguas terrenales en el episodio conocido como Babel, lugar de la confusión, en Mesopotamia, que es la región cuna de la civilización, donde se establecieron la frustrada Babilonia neodiluviana en el año 4000 a. C., y cinco siglos después, en el año 3500 a. C., a 200 kilómetros al sureste de Babilonia, la consolidada cultura Sumeria del héroe Gilgamesh, descendiente de Jafet, hijo de Noé.

—Sobre este último punto, sabemos que los sumerios cohabitaron con los acadios, quienes eran descendientes de Sem, hijo de Noé; de esa forma se cumplió la bendición que Noé hizo a Jafet: «Engrandezca Dios a Jafet, y habite en las tiendas de Sem». La historia secular no ubica el origen étnico de los sumerios, pero manifiesta que compartían la región mesopotámica con los acadios, cuya ascendencia es semita; no obstante, el libro del Génesis nos da la pauta para declarar al gran Gilgamesh descendiente de Jafet.

—El rey Gilgamesh gobernó alrededor del año 2600 a. C., pero su mitología fue registrada muchos siglos después, a partir del año 1300 a. C., con un total de doce tabletas de arcilla escritas en idioma Acadio. La duodécima tablilla, inconsistente respecto a las once anteriores, data del año 700 a. C. Esta mitología conocida como Epopeya de Gilgamesh sólo en la versión tardía habla del Diluvio, y es patente la interpolación referente al libro del Génesis que fue escrito —aunque también compilado de autores hebreos ascendientes según afirman expertos hermeneutas— por Moisés en el siglo XV a. C.

—En el momento en que ocurrió por obra divina el alumbramiento de las diversas lenguas en la Babilonia neodiluviana del rey Nimrod, donde por iniciativa humana se estaba construyendo la torre que presumiblemente llegaría al cielo con la finalidad de burlar a Dios si provocaba otro eventual diluvio, fue cuando nacieron los primeros pueblos y la división política entre los seres humanos encontró lugar motivada por su respectiva lengua.

—De igual manera, durante la construcción de la Torre de Babel, al volverse insostenible la convivencia entre los babilonios por la confusión lingüística, la ciudad quedó arruinada y ellos tuvieron que separarse, y cada lengua llevó consigo la historia del Diluvio; debido a esto diversas culturas alrededor del mundo mencionan —por lo menos de forma tergiversada— aquella hecatombe universal. Es innegable que el Diluvio sucedió tal como está registrado en la Biblia; el basamento de la Torre de Babel (*E-Temen-an-ki* que significa: la casa

47

de la plataforma base del cielo y de la tierra), descubierto hace un siglo en las ruinas de Babilonia, es prueba contundente de ello.

—El apogeo de Babilonia ocurrió a dos mil trescientos años de su fundación, de la mano del rey Hammurabi en el año 1700 a. C.; después resurgiría acompañada de gran esplendor por haber sido la capital del imperio del rey Nabucodonosor en el año 560 a. C.

—En la época antediluviana no existían los continentes como los conocemos ahora, ni había océanos separando la tierra. Sin embargo, después de los trescientos setenta días que duraron el Diluvio y sus estragos, desde que comenzó la inundación hasta tener de nuevo toda la tierra seca, y el planeta volvió a ser habitable por los humanos, enormes porciones de tierra quedaron para siempre cubiertas por mares; y muchos bosques y selvas, así como parte de la flora y fauna marina, fueron sepultados por descomunales territorios que, gracias a la presión ejercida al caer la inmensurable masa, más la degradación biológica agravada por el transcurso milenario del tiempo, ahora nos permite contar con extensos yacimientos petrolíferos, imprescindibles para la vida moderna. Tanto fue así, que toda aquella remoción diluviana causó la actual geografía accidentada del planeta.

—Hay científicos asegurando hoy en día que la generación petrolífera es abiogénica, sin componentes fósiles, pues tanto el hidrógeno como el carbono, también el metano según dicen, se encuentran en todo el universo conocido y probablemente llegue el tiempo de detectar petróleo crudo en otros planetas. Manifiestan que la generación abiogénica del petróleo es posible realizarla en un laboratorio y que esto comprueba la hipótesis. Amén de esa respetable opinión, también el petróleo fósil —biogénico— se ha producido en laboratorio aplicando al hidrocarburo presiones similares a las que sólo habrían podido generarse durante el Diluvio; sin embargo, esta producción fósil de laboratorio tiene mayor mérito, pues mientras en la generación abiogénica los técnicos utilizan los componentes químicos del petróleo como si fuese una receta de cocina, en la producción biogénica emplean materia orgánica —componentes fósiles que contienen hidrógeno y carbono, entre otros elementos—, de ahí el nombre hidrocarburo.

—En la otra arista, la concentración generalizada de componentes químicos como el hidrógeno y el carbono integrados al inconmensurable sistema planetario, sólo establece un origen común para todo el universo, y no significa que otros planetas contengan combustible fósil ya que no cuentan con materia orgánica. Además, el petróleo crudo emerge a la superficie terrestre, fue allí donde la humanidad lo descubrió, y el hecho histórico más antiguo de un tipo petrolífero —la brea, formada a flor de tierra— está consignado en la Biblia, puntualizado por el profeta Moisés en el siglo XV a. C.; por tanto, si en la superficie de los demás planetas no hay petróleo crudo, es porque no cuentan con él. Así queda demostrado que la abiogénesis química por sí sola no es suficiente para la generación de petróleo. De igual forma, debido a que el petróleo se genera por la degradación de restos orgánicos, privativos de la Tierra, considero inapropiado e inútil el bombardeo con misiles, ya sea a la luna o a otros cuerpos celestes, con el fin de sondearlos en busca del también llamado oro negro. Por último, es importante resaltar que los descubrimientos petrolíferos a gran escala son postdiluvianos.

—¡Profesor! –interrumpió uno de los alumnos, el mismo alumno que siempre cuestiona cuando la clase está más interesante–. ¿Cómo es posible que macho y hembra de cada una de las especies existentes en la superficie del planeta hayan cabido en la embarcación? ¿Cómo alimentó Noé a todos aquellos animales durante los ¡doce meses y diecisiete días! que se guarecieron en la Arca? Esto que usted expone no es ciencia, es una hipótesis inverosímil.

—La evidencia científica en este caso es materia de ingeniería. Las dimensiones que Dios ordenó a Noé para construir la Arca son similares a las de un buque contenedor de gran calado que pueda construirse en esta época: ciento treinta y siete metros de eslora, veintitrés metros de manga, y catorce metros de calado –continuó el profesor–. De hecho, en ingeniería existe la especialidad denominada Construcción Naval, cuya bibliografía comienza mencionando a la Arca de Noé como la obra naval de mayor calado más antigua de la que se tenga registro en la historia, con las dimensiones perfectas para el propósito al que fue destinada. Claro, esto no sabíamos sino cuando el avance científico y tecnológico en la industria naval permitió comprobarlo. Sobre el asunto de la logística cibal, Dios instruyó a Noé para que almacenara en la Arca el alimento suficiente para todos, incluyendo a los animales; además, te aseguro que la misma persona que cerró y selló la compuerta de la Arca una vez que todos los animales junto con Noé y su parentela la habían abordado guiados por la orden divina, fue quien suministró las vituallas necesarias para que ningún tripulante ni animal padeciera hambre; esta persona es el Señor Jesucristo, el Mesías judío, Intemporal, Eterno.

—El caso de la Arca de Noé es para los escépticos idéntico al tema sobre la composición atómica de la materia –prosiguió el profesor–. Cuando Saulo de Tarso —mejor conocido con el sobrenombre Pablo— manifestó en el primer siglo de nuestra era: «Todo lo que se ve fue hecho de lo que no se veía...», fue considerado loco por los detractores de la fe. Ahora, no tenemos duda que tal afirmación —temeraria en el tiempo en que el apóstol Pablo la declaró— es absolutamente cierta en cuanto a ciencia refiere. Sólo resta a los incrédulos aceptar la segunda parte de aquella declaración: «...mediante el poder de la palabra de Dios». Para los fehacientes —quienes conforman la cofradía universal compuesta por creyentes exclusivos en **Jesús**, quien a su vez es el autor y consumador de la fe—, la palabra de Dios bíblica es verdadera ciencia y ella testifica la Creación –enfatizó el maestro.

—Profesor, ¿es verdad que la Arca fue encontrada en el Monte

Ararat —en Turquía— donde posó hace seis mil quinientos trece años? –la pregunta procede de la alumna Brenda Evangelina.

—La primera noticia sobre el descubrimiento de la Arca de Noé fue generada en el año 1916 por un explorador ruso que declaró haberla detectado en el Monte Ararat, a cuatro mil metros de altura sobre el nivel medio del mar, por lo que el entonces Zar de Rusia Nicolás II ordenó la expedición que ha sido única en recolectar evidencias arqueológicas irrefutables de la Arca; mas el ascenso al poder de la revolución soviética en febrero de 1917, con la inevitable defenestración del Zar, trajo consigo la trágica destrucción de todas las pruebas testimoniales del hallazgo –contestó.

—No obstante, sobre esta historia en particular tengo mi reserva, pues durante la Guerra Fría que Estados Unidos de América (EUA) y la Unión de Repúblicas Socialistas Soviéticas (URSS) mantuvieron desde el fin de la Segunda Guerra Mundial en el año 1945 hasta culminar la *perestroika* de Mijaíl Gorbachov en diciembre de 1991, que fue cuando la URSS se desmembró debido a su deplorable economía, los ataques entre ambas naciones se dieron crudamente en todos los ámbitos propagandistas posibles para ganar y mantener adeptos. En aquella belicosidad mediática, no menos importante fue el tema religioso, que el gobierno comunista trató de evitar porque consideraba a la religión el *opio* de los pueblos. Por esa intransigencia absurda la URSS mantuvo saldo negativo en dicho rubro; no tanto por su rechazo a Dios y la libertad de cultos, pues a pesar de todo tenía a la Iglesia Ortodoxa como la religión oficial para el pueblo comunista, sino debido a la propaganda negra que EUA propinó a la URSS para desprestigiarla utilizando el tema de la Arca de Noé –conjeturó.

—Otro registro arqueológico importante ocurrió en el año 1965, cuando un piloto aviador del ejército turco que sobrevolaba la zona del Monte Ararat descubrió lo que pudo haber sido la Arca de Noé, se habla que incluso tomó una fotografía de la Arca e informó al

Kremlin, pero los líderes comunistas fueron abyectos, pues el gobierno de la URSS era ateo recalcitrante, al cual no convenía dar a conocer el hallazgo, y para evitar el riesgo que la Arca fuese descubierta por personas interesadas en comprobar la existencia arqueológica de la milenaria construcción naval, acordó con Turquía prohibir las exploraciones en la zona, y ambas naciones establecieron una área de seguridad infranqueable que perduró muchos años – detalló el profesor.

—Sin embargo, más bien supongo que los turcos aplicaron una cancamusa a la desaparecida URSS y, de paso, a los cristianos, porque en honor a la verdad no hubo tal hallazgo turco, me temo que fue una estratagema del gobierno turco para establecer estricto control militar en la región con la aprobación incondicional de la URSS, que cuando conoció el plan de asegurar la zona, advertida por Turquía tal vez sobre algún ocasional conflicto territorial o alguna insurrección, rehusó llevar a cabo esa estrategia militar para evitar la tensión diplomática, pues dicha zona linda con las fronteras de cuatro países, Turquía, Irán, y los entonces soviéticos Azerbaiyán, y Armenia, que hasta su inclusión a la URSS en el año 1921 integraba todo el territorio del Monte Ararat y no sólo una parte –agregó.

—Otros analistas especulan que, por el contrario, quien chantajeó al gobierno turco fue la URSS, pues aducen que el piloto turco que descubrió la supuesta Arca de Noé era un espía ruso, y con esa recancamusa los soviéticos consiguieron implementar la base militar aliada en el Ararat de Turquía –mencionó el profesor.

—También, supuestos arqueólogos publicaron en el año 2010 el 'hallazgo' de segmentos de madera que extrajeron de una cueva del Monte Ararat. Los descubridores apostaban que dichos pedazos de madera en el momento de 'mayor gloria' formaron parte de la Arca de Noé. Aquellos trozos de madera podrida fueron muy difundidos por la prensa mundial mediante una fotografía en la cual se apreciaba un camarote conservado en forma espléndida, con la madera bien barnizada, sin una partícula de polvo, incluso con «rastrojos de paja fresca» dando impresión que los rumiantes diluvianos recién habían merendado; empero, cristianos auténticos y fidedignos refutaron el supuesto hallazgo asegurando que sólo se trataba de interés publicitario para atraer turismo por parte de personas residentes en el Ararat. Luego entonces, en referencia a la grosera divulgación de estas nuevas presuntas reliquias de madera arcaica, a los publicistas sólo faltó fotografiar una lagartija para amplificarla y mostrarla como si fuese un *velocirráptor* –añadió.

—Por si esto es poco, WikiLeaks filtró hace un par de años documentos secretos estadunidenses del año 1968, en los cuales está registrado que todos los restos arqueológicos de la barcaza fueron extraídos del Monte Ararat con la anuencia de Turquía, destinándolos a un lugar secreto de EUA. Ambos gobiernos tomaron aquella medida porque según se informa en la exhibición documental de WikiLeaks, no convenía al Estado turco lidiar con multitudinarias peregrinaciones de turismo religioso –el profesor gesticula sarcástico manifestando resignación, y agrega:

—En esa filtración de WikiLeaks únicamente faltó mencionar que, para poder nivelar el déficit de la balanza comercial, Turquía necesita de las remesas de sus trabajadores emigrados a Europa y... ¡también de las divisas del turismo estadunidense!

Risas discretas y murmullo se escuchan en la clase.

—No nos interesa analizar la situación política de los países involucrados en el descubrimiento de la Arca de Noé, ni ponderar el potencial turístico del Monte Ararat, sino dilucidar si es razonable aceptar que el vestigio de la Arca de Noé realmente ha sido descubierto –aclaró el maestro.

—Para empezar, pónganse en el lugar y las circunstancias del patriarca Noé y familia –propuso a los alumnos–. Así será fácil que aflore nuestro sentido común. Y para que tal suposición fuese más fácil de asumir por ustedes, decidí guiarlos en la expedición. Esta es la causa.

La clase estaba, no en el salón de la escuela preparatoria como podría pensarse, sino en la cercana colonia El Mirador Playitas de la Heroica Guaymas de Zaragoza, que cuenta con imponentes cerros en su periferia, surrectos del Mar de Cortés, y cuya orografía el maestro consideró propicia para amenizar su ponencia ante los alumnos.

A todos sorprendió gratamente la bota volteada, el aula rústica de aquella práctica escolar, una cueva de ocho metros de altura con la forma de este calzado, pero al revés, con la suela arriba, localizada en la parte alta del cerro Policía, a cien metros sobre el nivel del mar.

El cerro Policía está en el flanco este de la colonia El Mirador Playitas, y la protege en temporada de ventarrones en una longitud de ochocientos metros –desde la entrada de la colonia a la última calle– donde colinda con el cerro Cabeza de Simio, ubicado al sur, el cual también delimita y protege –junto con el cerro Carricito que está enfilado al suroeste hacia la playa del mismo nombre– el lado posterior de la colonia en la anchura de quinientos metros.

Los alumnos formaron tres grupos de debate: el primero asumió la postura de negar el Diluvio y, ergo, la existencia de la Arca, pero la literatura y mitologías globales, así como los descubrimientos arqueológicos, reservorios petrolíferos, y la naturaleza fosilizada alrededor del planeta que patentizan el cataclismo bíblico, desacreditaron de forma categórica sus presunciones; el segundo grupo intentó demostrar que los restos de la Arca fueron hallados y destruidos, no obstante, por falta de pruebas confiables no pudo sostener sus argumentos. Por último, el tercer grupo, integrado por Jazmín, Denise, Allison, Paola, Raquel, Andrea, Brenda Evangelina, Kendra Sofía, Jesús Gael, David Alonso, y Joel Eduardo, acreditó su hipótesis sustentándola en la historia bíblica del Génesis, que es paradigmática de principio a fin, cuya autoridad plena ha continuado reconocida por diversas culturas a través de los milenios, con ella armoniza la ciencia, es confiable como ninguna otra historia sobre el origen de la humanidad, no está adulterada con fragmentos de textos seculares ni tergiversaciones, y a más de todo esto: es inspirada por Dios. En consecuencia, la hipótesis fue desarrollada con acierto de la siguiente manera:

"Nuestra hipótesis comienza con una analogía entre el Monte Ararat y la colonia El Mirador Playitas. El libro del Génesis declara que la Arca «posó» en el Monte Ararat, ello significa que el episodio diluviano culminó con un suave asentamiento de la Arca, y esto sólo pudo ser posible sobre terreno raso, pues si hubiese encallado o embarrancado sobre una montaña, se habría provocado caos en las entrecubiertas y cubículos de la nave afectando a todos los animales y a la familia sobreviviente, con heridas graves o muertes; incluso peor, si la barcaza hubiese pantoqueado, nada ni nadie se habría salvado. Afortunadamente, tenemos la certeza que la Arca no sufrió ninguna clase de incidente en todo el tiempo que duró el Diluvio, pues el libro del Génesis no menciona tal suceso y sería absurdo pensar que Dios la abandonaría a su suerte; en esta inteligencia, estamos ciertos que Dios mismo —en la persona de **Jesús**— veló con arduo trabajo para brindar a todos seguridad y sosiego durante aquel tiempo aciago. Cuando el libro del Génesis manifiesta que la Arca posó, entendemos que varó suavemente y terminó surta sobre la llanura del monte. Si la Arca hubiese varado en esta colonia, habría fondeado sobre el plano, donde están ubicadas las casas."

"También sabemos, porque el libro del Génesis así afirma, que Dios autorizó a Noé abandonar la Arca una vez que esta reposó en la zona habitable del monte. Había terminado la comisión. Debido a que era mundo nuevo para poblar, lógico es deducir que la familia haya

55

decidido vivir en el llano aquél; además, Noé no iba a desechar la Arca, obra magna en la que invirtió parte importante de su vida. De igual manera, Dios no instruyó a Noé sobre el uso que daría a la barcaza abandonada, pero dejó muy claro que jamás ocurriría otro Diluvio, por lo que la Arca había cumplido su propósito, y Noé entendió que tenía libertad de utilizarla como más conviniera. En lugar de inaugurar el primer museo diluviano del mundo para que generaciones de turistas en los próximos milenios viajaren desde sus respectivos países con el fin de visitarlo, Noé tal vez pensó dar mejor uso a la construcción obsoleta, aquel que satisficiere sus necesidades energéticas y de vivienda para resguardarse de la intemperie. Sí, Noé y su familia aprovecharon la madera de la Arca para construir las casas de aquella primera colonia postdiluviana, así como también hicieron leña para cocinar alimentos en el fogón y protegerse del frío extremoso característico de aquella latitud, clima que no conocían y comenzaron a sufrir. ¡Cuán buena resultó la madera para la construcción de casas, curada con brea resistió muchos años, y la que utilizaron como energético, ardió con facilidad y gran intensidad!".

Operación Sodoma
1 de Abril de 2013

Producciones @Cibergrillo presenta:

Operación Sodoma. Misiva infiltrada

Para: ministro@minmar.gob.ne

De: gustavomarsanto@email.com

Asunto: Respuesta a: Hola.

Dedicado a estar en casa, pervivo en mi ciudad natal Heroica Guaymas. Tengo todo el tiempo libre; luego entonces, leo mucho y también me divierto en Twitter, veo televisión, salgo a caminar, cultivo arbolitos, juego con mi gata Bikina y sus tres crías: Fortino, Bartolo e Indalecio (FBI); entre otras terapias ocupacionales que realizo para no deprimirme por falta de trabajo.

Los únicos empleos disponibles para mí en Heroica Guaymas son paupérrimos, pagan el sueldo mínimo y esto no alcanza ni siquiera para los refrescos y el transporte.

Permanezco desempleado, a la expectativa de mejor oportunidad. Mi familia me apoya, la ayudé cuando podía hacerlo y ahora sabe agradecerme. También estoy en una asociación ejidal donde todo va de maravilla.

Tal como te comenté ayer por teléfono, estoy obligado por las circunstancias y por unos criminales del Ministerio del Mar-Armada de Nueva España (Minmar), homosexuales de ropero de quinta categoría, ya que todo mundo sabe que son de esa calaña, quienes no me han dejado en paz, al igual que mi expadrino diabólico Sergio Israel Corona Nava-Bracamontes –la acusación es seria, él es satanista–, ahora militar retirado del Ejército, quien ha estado haciéndome daño desde, por lo menos, el sexto año de primaria, ciclo 1979-80, cuando adulteraron el agua de algunas de las botellas que nos repartieron a todos los niños mientras nos formaban en filas sobre el patio central de la Escuela Primaria Lázaro Cárdenas del Río, para hipnotizarnos, a mí y a otros niños. Los victimarios fueron selectivos, no a todos los niños hipnotizaron.

Recuerdo bien aquella hipnosis en el sexto año escolar –tenía once años de edad– porque por primera vez bebí agua embotellada, en botella normal de plástico transparente, sin etiquetas ni leyendas y de trescientos cincuenta mililitros, con tapón azul; agua que el ayudante del hipnotizador me obligó a ingerir, pero esto no hizo con los demás niños a mi alrededor. Cuando me ordenó que la bebiera, respondí: "No tengo sed". —No importa, ¡bébela! –me apremió. Tuve que ingerirla a la fuerza.

No sé qué ocurrió durante aquellas horas o minutos que estuve sedado, nadie me comentó nada sobre ello. No recuerdo haber pasado al estrado donde el hipnotizador realizaba el espectáculo con los primeros niños enajenados por la droga que el ayudante malicioso los obligó a consumir.

Salí del trance en la aula. Un niño estaba castigado, de pie frente al grupo porque el maestro lo reprendió por algo malo que el niño hizo. Dicho niño volteaba a mirarme con insistencia, especialmente a mí; de hecho, desperté con él observándome mientras yo permanecía sentado en mi mesabanco; fue una circunstancia paradójica ya que el niño no tenía el rostro compungido por el castigo como sería de suponerse, al contrario, se mostraba despreocupado y sonriente, en control de la situación.

La segunda ocasión que vi a este niño fue tres años más tarde en un entrenamiento de voleibol en la Escuela Secundaria Técnica número 30 y aparentaba ser joven mayor que yo. Por disposición del profesor de educación física, él impartió la práctica de aquel único día que asistí, en la cual me hostigó con críticas *homosexualoides*. Fue tan incisiva y fuera de lugar su terquedad, que uno de los estudiantes me instó a reportarlo al prefecto, pero opté por no presentarme más al entrenamiento.

En junio de 1985 volví a verlo por tercera ocasión cuando hacía exámenes junto conmigo para ingresar al internado de la Heroica Universidad Naval Militar (HUNM), siendo ambos egresados de la generación 85-90. De aquella vez en adelante se ha comportado prudente, él y sus personajes que interpreta.

En agosto del año pasado intentó una escaramuza, caracterizó a uno de sus compañeros del Ministerio del Mar amigo mío, el capitán Lozano, mas finalizamos saludándonos como si yo no me hubiera dado cuenta de su fallida trampa y disfraz. Continúa rondándome, da sus vueltas de vez en cuando. Es Jorge Cruz Salinas Castro-Martínez.

Hoy en día, a la luz de los hechos, sospecho que el profesor de educación física de la secundaria estuvo involucrado en aquel ardid del entrenamiento, porque años después cuando ingresé a la HUNM encontré que él se desempeñaba allí como instructor deportivo, con otro nombre, por supuesto. Además, en la escuela secundaria yo nunca iba al entrenamiento de voleibol y él me insistía a diario para que acudiera. El único día que asistí a la práctica fui cruelmente tratado como ya describí. Después de aquel día del acosamiento, el profesor deportivo no me molestó otra vez con sus invitaciones a entrenar.

Dicho sea de paso, también el psicólogo de aquella secundaria cometía actos viles y perversos. Según me notificó un familiar, el psicólogo violaba a niñas de la escuela en el consultorio, previa hipnosis. Personal de limpieza descubrió en el año 1985 varios fetos en los cestos de basura del baño de mujeres. Fue así como iniciaron las investigaciones y las autoridades dictaminaron que aquellos abusos sexuales eran infligidos por el psicólogo. Como consecuencia del escándalo por las evidencias y denuncias de algunas niñas, el psicólogo pederasta huyó. El violador posteriormente ingresó –o tal vez regresó a su verdadero empleador– al Minmar, y por azares del destino me topé con esa misma persona en el año 1993 en el hospital naval de Mazatlán, donde me percaté que había niñas de secundaria realizando tareas escolares y eran sus alumnas. Este psicólogo ostentaba el grado de teniente de navío; debía entrevistarme con él, pero en cuanto me miró, sin pronunciar palabra dio media vuelta y no volví a verlo sino en el año 2010, en la colonia Sahuaripa de Heroica Guaymas, y sospecho que aquel día estaba espiándome por parte de la Gendarmería Nacional.

Referente a mi compañero de grupo apodado El Abuelo, en la preparatoria Centro de Estudios Tecnológicos (CET) del Mar de Heroica Guaymas, en el año 1985; entró de oyente empezando el tercer semestre, y cometió el exabrupto de presumir que trabajaba en el gobierno federal como agente secreto comisionado a espiarme; lo cual motivó que todos en el salón riéramos y asumiéramos como broma aquella confesión, excepto el ingeniero Enrique Rocha que nos impartía la clase, quien consideró delicada la inusitada información.

Este dichoso compañero también ingresó a la universidad naval en 1987, dos años después de mí; conservó su apodo de El Abuelo, y pude identificarlo a pesar que rasuró su barba y bigote, pero negó que fuera el mismo sujeto; se dedicó a calumniarme en todo aquel tiempo que estuvo internado conmigo en la HUNM, en el mismo dormitorio. Esa infamia de El Abuelo fue su moneda de cambio para poder ingresar con dispensa de edad a la HUNM, y seguramente fue la misión que el padrino diabólico Sergio Israel Corona Nava-Bracamontes asignó para él.

Manuel F. Rosa de Guadañupe tiene conocimiento pleno de este asunto y está de acuerdo con todas las perversidades que hacen los espías delincuentes para agraviarme, actos execrables que ni a los animales se deben provocar.

El presidente de la Comisión Nacional de los Derechos Humanos (CNDH), Raúl Placentero Villanova, ha trabajado con Rosa de Guadañupe en materia legislativa sobre este rubro de los derechos humanos. Cuando Rosa de Guadañupe era el senador de la república más influyente en su momento, y el de mayor capacidad política en el Congreso de la Unión, se promulgó una ley que amplió las facultades de la CNDH, tanto fue así, que Placentero Villanova ha reconocido públicamente el aporte de Rosa de Guadañupe. Pero la verdadera impulsora fue Rosario Ibarra de Roca, presidenta de la Comisión de los Derechos Humanos del Senado en aquella legislatura. No pudo haber sido de otra manera, ya que Rosa de Guadañupe pertenece y ha sido protagonista del régimen autoritario que en el año 1975 'desapareció' a un hijo, estudiante y activista político, de la legisladora mencionada, auténtica luchadora social. Por consiguiente, Placentero Villanova no tiene interés en investigar para esclarecer mi caso, además, Rosa de Guadañupe continúa con fuero legislativo porque ahora es diputado federal.

Hace treinta años, en la playa Los Algodones de San Carlos, Sonora, durante el festejo de semana santa del año 1983, yo estaba por cumplir quince años de edad, me encontraba sentado sobre la arena entre la multitud de turistas, en la orilla de la playa contemplando el mar.

Cuando volteé a la izquierda de la playa, pude apreciar que tres personas del sexo masculino, de mediana edad, marchaban unidas hombro con hombro, vestían tanga como traje de baño, una de ellas me señaló y las tres me observaron de reojo, quienes al sentirse descubiertas por mí, discretas desviaron su vista al frente sin detener su caminata dudosamente marcial.

En aquel tiempo ignoraba quiénes eran estas personas; ahora sé que el sujeto de la izquierda que primero indicó mi ubicación fue el padrino diabólico Sergio Israel Corona Nava-Bracamontes; al centro caminó Manuel F. Rosa de Guadañupe; y omito el tercer nombre, el de la persona que menos disimuló. En el instante de desatender a estos individuos cavilé como si tuviese una premonición: "Esos tres son maricones. Que nunca se me olvide lo que acabo de ver, pues me estaban espiando".

Por otro lado, concerniente a la Gendarmería Nacional donde fungí como comandante de sección unos meses en el año 2007, tuve que renunciar porque trataron de asesinarme.

Descubrí que me estaban intoxicando con un pigmento negro, tóner de impresora. Con esa sustancia adulteraban el agua que yo bebía. También me dormían para abusar de mí, pero esto sólo es suspicacia; únicamente tengo indicios de ello porque en cierta ocasión desperté en un vagón del metro de la ciudad capital donde recobré la conciencia en el momento en que platicaba con un compañero gendarme – caracterización realizada tal vez por el actor Diego Amós Zurrutia, asesorado en aquellos días por el actor Maricelo Córdovas–, ambos vestíamos de civil. Así mismo, anduvieron en la gendarmería Gabriel

Sotomayor y Lambderto García, entre otros actores y actrices que no me provocaron problema, ¡al contrario!

Mi estimado Alcázar, no te alteres por esto que cuento; parece locura, pero es realidad. Tampoco es una invectiva exagerada. Tómalo con absoluta calma. Estoy acostumbrado a este tipo de situaciones porque son muchos años de batallar. He tenido que actuar simuladamente para sobrellevar los embates que me ocasionan servidores públicos de las instituciones de inteligencia gubernamentales y sus agencias privadas; dicho en otras palabras, para sobrevivir me he visto obligado a asumir personajes que se adapten mejor a las circunstancias, transigiendo con los histriones y demás empleados espías, principalmente de las televisoras Televica y Tv Esteka, subvencionados por el gobierno federal, quienes también controlan las aduanas del país debido a la 'modernización' que Carlos Salitres llevó a cabo contra el Resguardo Aduanal durante su gestión como presidente de Nueva España. Tienen tanto poder político, que un día pueden despachar en la aduana nacional y al día siguiente estar adscritos con otro alias trabajando en la aduana estadunidense, o viceversa.

Después de cinco años de no tener noticias de ti, me ha dado mucho gusto comunicarme de nuevo contigo. Es magnífico que al fin hayas logrado acomodarte como asistente del ministro en esa área estratégica del servicio público.

Te envío un afectuoso abrazo.

Cambiaré de tema en la próxima carta para no asustarte más. Como bien te consta, aunque es verificable y auténtico todo lo que te he confiado, en realidad es el discurso de una imaginación a la que hace veinte años un médico psiquiatra adscrito al Minmar tuvo a bien diagnosticarle trastorno delirante paranoide crónico porque así ordenó un superior jerárquico, según confesó él mismo.

Saludos.

Gustavo Marsanto

P. D. Los homónimos, si los hay, son por simple casualidad; así como las circunstancias descritas que puedan compararse con las realidades de algunas personas, son las típicas coincidencias. Esto, siempre y cuando no procedan efectos legales ocasionados por alguna denuncia ante el ministerio público contra el autor, en este caso, la presente historia se tomará como si fuese parte de la vida real. Asumo el riesgo aun sabiendo que los fiscales están al servicio de la impunidad, de esto hay harta evidencia como a todos consta. Este relato continuará.

Golpe de calor
6 de Marzo de 2013

Muy agradable es vivir en Heroica Guaymas durante el semestre comprendido entre los meses de noviembre a abril, inclusive. En la otra mitad del año, de mayo a octubre, la temperatura varía de caliente a extremosa, manifestándose la insoportable canícula en los meses de julio y agosto.

En esos meses, la humedad atmosférica provoca sensación de calor próxima a los cincuenta y cinco grados centígrados. Es tan calamitosa que algunas personas mueren por el llamado golpe de calor, la insolación. Tal parece, a los únicos que agrada esa temperatura –aparte de los turistas que recurren a las playas para asurarse– es a los escarabajos, en especial a los de la especie esmeralda, pues ellos abundan durante esa temporada, son de color verde en tonalidades metálico y mate, preciosos. También está el escarabajo capricornio, entre otros insectos.

En cierta ocasión salvé de morir ahogado a un escarabajo esmeralda muy pequeño, era casi idéntico al escarabajo esmeralda normal, pero con redondez y tal vez la tercera o cuarta parte de su tamaño. No he vuelto a ver otro de esa misma especie. A veces, cuando remuevo un poco de tierra encuentro la oruga del escarabajo, se distingue muy fácil por su contrastante color verde.

En el verano de 2010 una plaga de más o menos trescientos escarabajos esmeralda –¡eran muchísimos!– de manera repentina llegó volando y cruzó a través de árboles frondosos del barrio, donde se detuvo unos instantes y continuó su derrotero sin entretenerse demasiado.

Nunca había mirado y escuchado a plaga tan abundante de escarabajos. Los escarabajos me rodearon y por poco atrapo uno. El ruido que producen sus alas –aunado a su maravillosa coraza verde brillante con relieves de su capote en mate aceituna y ocre– da símil a diminuta nave aérea. Estos escarabajos son frugívoros y se deleitan con los mangos de la clase Tommy, pues los privilegian por encima de las otras dos variedades de mango que hay aquí en mi barrio –la colonia El Mirador Playitas– que, como dice el Chavo del Ocho: No vale ni un centavo, pero es linda de verdad.

Siendo un mediodía de finales de mayo del año pasado, yo caminaba por una calle del barrio lindante a terrenos baldíos cuando tuve terrible sensación de una energía mortal, como si fuese una burbuja de plasma transparente conteniendo en su interior un objeto amorfo de manchas color blanco y negro, que caía fulminante desde la estratosfera –pude verla–, y la cual potente azotó mi pecho adentrándose en el tórax, golpeó las vísceras y encontró acomodo a la altura del riñón izquierdo; allí estancó y no la sentí más.

Sufrí fuerte conmoción, un vahído que casi me derriba y me priva de los sentidos, debido a lo cual para conservar el equilibrio detuve por instinto uno de mis pasos en el instante del impacto; acto seguido, me rehusé a lamentarme del daño que me provocó aquel proyectil enervante y continué caminando. Me repuse de inmediato como si no hubiese pasado nada, pero la inquietud y perplejidad causadas por aquel fenómeno visionario aún permanecen en mí. Creo que se trató no tanto de un síntoma paranoide provocado por alimentos adulterados con drogas alucinógenas, sino de una premonición por algún eventual acontecimiento informativo que afectará a mi persona, mas la explicación del por qué llego a esta conclusión, con la finalidad que sea verosímil, la daré cuando ocurra tan singular evento, lo cual espero este año.

Los escarabajos esmeralda fueron prolíficos en el año 2010, vamos a esperarlos este año 2013 para ver si regresa aquella plaga que tanta alegría causa en los niños, quienes disfrutan atrapándolos y amarrándolos con un hilo para tenerlos como sus mascotas voladoras. Así juegan con ellos hasta que los dichosos coleópteros –agradecidos por haberse convertido en juguetes según la creencia infantil– pasan a mejor vida.

He aconsejado muchas veces a los niños que ¡no amarren escarabajos! porque ese juego tal vez no agrada a dichos insectos, pero ellos siempre contestan: ¡Tú estás loco, eres un torombolo!

Son niños muy inteligentes.

El show mediático
4 de Marzo de 2013

Aplaudo el combate a la corrupción y el castigo correctivo a los criminales por parte de las autoridades legalmente constituidas, mas no así el espectáculo propiciado por los medios de comunicación dedicados a hacer leña del árbol caído antes que un juez dictamine la comisión del presunto delito.

En el caso de la maestra Elba Esther Gordillo Morales era inevitable la algarabía desatada en la sociedad mexicana, pues la maestra es uno de los pilares emblemáticos de la partidocracia, poco faltó para verla integrada al Escudo Nacional, digo esto sin soslayar que –alegóricamente– la maestra está liándose con «Águila», término elucidario que designa al presidente de la república, cuya enérgica iniciativa, a propósito, otorga una renovada autoridad moral a la institución presidencial.

El negrito del arroz es la filtración a los medios informativos, vía Twitter, de la ficha signalética de la maestra, lo cual sí es falta grave a los derechos humanos, quedando maculado –debido a este infame hecho– el proceso legal que enfrenta; esto, de conformidad con el criterio aplicado por la Suprema Corte de Justicia de la Nación (SCJN) en el caso de la tan bella como peligrosa Florence Cassez.

Desconozco la legislación correspondiente, pero no parece clara la intervención del gobierno en la fiscalización de los recursos del sindicato. No es dinero procedente de las arcas públicas. La Auditoría Superior de la Federación (ASF), que sería la indicada para intervenir en este asunto si la pecunia fuese del fisco, no tiene la facultad de emitir un dictamen respectivo, pues afectaría la autonomía sindical violando la Constitución y tratados internacionales que México ha signado. Reitero, es mi opinión indocta, nunca he estado afiliado a sindicato alguno.

Es común y recurrente, con fines lucrativos, la exhibición de casos polémicos por parte de los medios periodísticos y de entretenimiento; ello es lamentable porque en estos reportajes siempre hay víctimas de difamación, independientemente de su culpabilidad o inocencia, en los diversos casos presentados por la prensa y televisión sensacionalistas; así como también una explotación de la imagen de los protagonistas del supuesto escándalo mediático, la cual no es retribuida pecuniariamente como se debiera hacer.

Esta es la cuestión que sugiero, un pago justo a cargo de las televisoras y la prensa por la explotación de la imagen humana cuando las personas exhibidas no hayan convenido publicar su imagen de manera gratuita. No pretendo que los medios paguen a la maestra los derechos de explotación de imagen, esto sería absurdo y ridículo, ella es figura pública y además 'donataria' multimillonaria, según se observa.

La sugerencia deriva no tanto de una ocurrencia sino de una genial idea al ver los programas deportivos de televisión, donde la imagen de algunos uniformes deportivos es difuminada por el editor antes de salir a cuadro para no promocionar, indirectamente, la respectiva marca patrocinadora de los deportistas, entendiéndose con esto una justificada intención mercadológica de las televisoras.

69

Por lo mismo, más importante que el logotipo de cualquier marca comercial es la imagen de las personas, propiamente dicho, cuya explotación –convenida o indirecta– merece retribución económica.

Habría que legislar sobre este asunto, hay motivo para hacerlo; pero, tristemente, algunos que debieran trabajar en esto andan más ocupados en el *torito* que en sus labores congresistas. Es la partidocracia, ni modo, ¿qué vamos a hacer?

Pasión tuitera

1 de Marzo de 2013

Todo el día te pensé,

de tanto estar esperando,

en mi sueño te besé,

pero seguías tuiteando.

En este sueño de miel

fui tu galán de Instagram,

y acariciaba tu piel

por medio de la Tuitcam.

Dijiste que me querías,

con múltiples caracteres.

Tuiteaste que me amarías

más que las otras mujeres.

La red social se distingue

por sendos comunicados,

que si dónde es el desfogue,

que si están enamorados.

No les importa, les dije.

Hay *troles* interesantes,

está nuestro IFE alebrije;

y en el Ifai, titubeantes.

Tópico fue el embeleso

que tu tuit me provocó.

Todos tuitearon: «mastuerzo»,

mas la pasión me tocó.

Dejando a los seguidores,

te envié mensajes directos,

te di mi amor en mil flores,

y nos amamos dilectos.

Si no es parte de la moda,

lo siento mucho, cariño,

pero antes, debe haber boda;

tuiteó mi amor con un guiño.

Te cumplo lo que me pidas,

ante el juez y el reverendo,

pues el amor a escondidas

se termina envileciendo.

Cuando pasaron las nupcias,

los tuits causaron revuelo.

Todos gritaron ¡Albricias!

¡quedó registro en el cielo!

Llegamos a nuestro nido

de un mundo maravilloso,

donde no hay dios afligido

por ser un acto virtuoso.

Regodeándome en tu amor,

suplanté a tu corsé,

disfruté más tu candor,

retuitié, y *retuitié*.

El tiempo pasó volando,

nuestro tuit fue el favorito.

Andrea amanece tuiteando,

pintó azul… al *pajarito*.

Política Pública Transexenal
25 de Febrero de 2013

«El siguiente paso de la democracia mexicana es la creación de una sociedad de derechos que logre la inclusión de todos los sectores sociales y reduzca los altos niveles de desigualdad que hoy existen entre las personas y entre las regiones de nuestro país». Pacto Por México.

No tengo duda que la docena trágica panista en la presidencia de la república se debió a la mezquindad pluripartidista, esto, sin soslayar errores que cometieron los presidentes.

Quiero decir, los dos sexenios panistas en el gobierno federal no tuvieron la eficacia deseada en todos los rubros que se propusieron porque tal circunstancia no favorecía a los partidos políticos opositores, y estos se dedicaron a reprobar sórdidamente iniciativas presidenciales y legislativas que, si hubieran prosperado, habrían transformado la triste realidad de amplios sectores sociales.

Por ejemplo, la reforma laboral sólo se concretó con el aval priísta a unas semanas que el Partido Revolucionario Institucional (PRI) retornara a Los Pinos, siendo que en la anterior legislatura el PRI no aprobó ni siquiera la reforma laboral que él propuso al Congreso, exhibiendo absoluto desprecio a la sociedad mexicana ávida de soluciones laborales y económicas para afrontar mejor los problemas del diario vivir.

Sin mencionar los casos de corrupción que cometieron y siguen propinando servidores públicos de los diversos partidos, en los tres niveles de gobierno –de lo cual hay sobrada evidencia todos los días en los medios informativos–, los programas exitosos de la administración pública federal son transexenales y, sobre todo, apartidistas.

El programa paradigmático, desde mi humilde punto de vista ciudadano, es la política monetaria implementada por el gobierno del expresidente Ernesto Zedillo Ponce de León con Guillermo Ortiz Martínez como gobernador del Banco de México (Banxico), medida que el gobierno mexicano impuso a partir de la amarga crisis devaluatoria de Diciembre'94 y, probada su eficacia, continúa vigente.

Otros programas transexenales llegaron para quedarse, como el Programa Solidaridad, a pesar que ha sido implementado con malas variantes; y el imprescindible Seguro Popular, del que no se menciona, pero se recuerda, su corrupción inicial. Igualmente, el programa modernizador en aduanas que comenzó hace veintidós años, el cual cumplió su objetivo y ahora es innovador, así como el de la Secretaría de Comunicaciones y Transportes (SCT) en carreteras; por citar estos ejemplos.

En el caso de Petróleos Mexicanos (Pemex) no ha resultado lo mismo porque los programas de la paraestatal han sido mañosamente supeditados a contratos particulares y de forma paulatina se ha desmantelado su infraestructura en afán de ¿salvamento? privatizador norteamericano, al menos este fue el intento en el inicio del sexenio anterior con aquellos promocionales del llamado 'tesoro profundo' y la supuesta exigua reserva en mar somero, después refutada por los nuevos hallazgos petrolíferos.

El meollo del asunto es que los partidos políticos deben evitar que programas destinados a mejorar la gestión gubernamental sean utilizados como trueque para el chantaje partidista con fines electoreros o la obtención de mayores prerrogativas. La manera para evitar estas coyunturas que únicamente sirven para fortalecer más a la partidocracia, es atendiendo el orden constitucional. Todo está en las leyes, sólo se requiere –una obviedad– la voluntad de las autoridades para cumplirlas.

El problema resulta en que a la hora de la verdad, cuando se trata de castigar al funcionario corrupto o implementar una medida austera que afecte estructuras gubernamentales partidistas para el bien común de la nación, empiezan los arreglos y las negociaciones en lo *oscurito* para que las cosas sigan igual.

¿Por qué razón Pemex es obsoleta? Porque hubo funcionarios en la Secretaría de Hacienda y Crédito Público (SHyCP) que no destinaron los recursos suficientes para su modernización y desarrollo; y tampoco atendieron los programas de la paraestatal porque ninguna autoridad impuso a estos servidores públicos la corrección debida, de conformidad con la ley.

Instituciones fundamentales del país están rebasadas por la partidocracia, como la Auditoría Superior de la Federación (ASF), encargada de fiscalizar la Cuenta Pública a todo ente que ejerza recursos del Estado, incluyendo a los Poderes de la Unión y organizaciones autónomas o particulares. Para los partidócratas, la ASF –organismo técnico de la cámara de diputados– es un cero a la izquierda en el combate a la corrupción.

Así, es imposible suponer que proyectos como el Pacto Por México cumplan su propósito, pues las instituciones estratégicas de México son manipuladas por poderes ajenos al interés general de la nación, que es el bien común.

Ergo, el primer paso a desarrollar por los firmantes del Pacto Por México debe ser respetar las leyes e instituciones por encima de la política e intereses partidistas, cumplir y mantener vigentes los programas de probada eficacia establecidos en gobiernos anteriores y, concerniente a los nuevos acuerdos, consagrarlos en una ley para garantizar su cumplimiento transexenal sin importar el partido que gobierne.

Ponderemos la ceremonia
28 de Septiembre de 2012

Impuesto por el voto mayoritario del electorado mexicano, el presidente electo Enrique Peña Nieto (EPN) está listo para protestar su cargo de Presidente Constitucional de México.

El intento de la izquierda demagógica de deslegitimar el triunfo electoral de EPN afortunadamente ha sido frustrado por la izquierda institucional y democrática que tuvo la deferencia de reconocer la victoria del candidato priísta conforme al dictamen de validez de la elección, del Tribunal Electoral del Poder Judicial de la Federación (TEPJF), concediéndole así, al próximo presidente de México, toda legitimidad y por consiguiente la autoridad moral para gobernar sin cortapisas ni chantajes. Gracias a esto, toda la clase política seria se encuentra en los mejores términos para llevar a cabo una ceremonia apacible de cambio de poderes, de acuerdo con los protocolos constitucionales formulados ex profeso, lo cual resulta gratificante para todos los mexicanos.

No obstante, en las actuales circunstancias de transición gubernamental hay delicados avisos de eventual rompimiento institucional, pues algunos actores políticos –de todos los partidos– sin conciencia del beneficioso consenso logrado por las diversas fuerzas ideológicas más importantes del país, se empecinan en entorpecer la toma de protesta de EPN, aprovechando para ello el diferendo sobre la llamada Reforma Laboral Preferente, la cual supuestamente agravia a la clase obrera y cuyo dictamen acaba de realizar la comisión respectiva de la Cámara de Diputados.

Respecto a la conveniencia o no de la Reforma Laboral Preferente, mientras redactaba el presente escrito, específicamente en referencia al pago por hora, el cual se planea adicionar a la Ley Federal del Trabajo, yo sugería que el pago mínimo por hora debe ser igual al pago de un día de salario mínimo correspondiente a la mano de obra no calificada, pues es justo; sin embargo, al ver el noticiero nocturno Hechos, del ubicuo periodista Javier Alatorre, me llevé la sorpresa que la Comisión del Trabajo de la Cámara de Diputados contempla el mismo criterio para el pago por hora. Por tal motivo, creo que mejor debemos esperar a contar con toda la información que nos permita realizar un análisis completo de la reforma laboral, y no hacer caso de información sesgada, la cual es tan perjudicial como la mentira ya que se aprovecha como estratagema por líderes ariscos para crispar la conducta de algunos sectores obreros.

Como corolario, considero imperativo para el país concretar la reforma laboral, pero más apremia conservar el clima de civilidad política actual; esto, con la finalidad de asegurar una ceremonia de transición de poderes digna, pues sería deshonroso para la vida institucional de México repetir la alharaca de ceremonia que atestiguamos hace seis años, cuantimás si ahora no hay justificante para ello.

Movimiento ciudadano Yo Soy 59
12 de Agosto de 2012

Hoy se llevará a cabo la clausura de los Trigésimos Juegos Olímpicos de Londres 2012. La dichosa justa olímpica está convertida en una espléndida fiesta planetaria magníficamente organizada por los ingleses, quienes ratifican con esto –entre otras virtudes– ser una de las culturas más pachangueras del orbe.

Gracias a la magia de la televisión, en especial la excelente cobertura de Televisa Deportes (honor a quien honor merece), la mayoría de los mexicanos disfrutamos ayer la conquista áurea de la selección azteca de futbol ante el gigante Brasil, víctima de la hambre de triunfo de los otrora *ratoncitos* verdes. De aquel mote peyorativo ya nadie se acuerda, ¿verdad?

Sólo un hidalgo de tequila habría aturdido tan fuerte a los brasileños como hizo el inmisericorde gol de Oribe Peralta, ¡a los veintiocho segundos de iniciado el juego! Si antes era fácil amar a los ingleses y a su reina, ahora, con este bello recuerdo olímpico acaecido en el nuevo estadio de la legendaria Wembley, de seguro será más fácil todavía.

Aunque el futbol es el deporte con mayor popularidad en el mundo, el resto de la delegación olímpica mexicana en sus diversas disciplinas deportivas no sufre demérito, pues fue emocionante y conmovedor ver

81

el ahínco con el cual los mexicanos buscaron una medalla para coronar sus esfuerzos; algunos atletas la lograron, son siete las medallas conseguidas; mas todos –con medalla o sin medalla– son dignos de respeto y reconocimiento; son el orgullo de todo nuestro país; lo mejor y más noble de la sociedad mexicana se ha visto reflejada en ellos durante estas competencias.

En el otro extremo de la realidad social y política de México se encuentran los calamitosos partidócratas y su embrollo electoral cada vez más confuso y problemático debido a una supuesta operación financiera con dinero del narcotráfico, así como un probable excesivo gasto de campaña por parte del PRI y su candidato vencedor Enrique Peña Nieto; lo cual no fue reportado al IFE, contraviniendo la ley, según los dimes y diretes partidócratas. Yo mejor tiro la toalla y me refugio en esta máxima cantinflesca: México es un país donde nunca pasa nada, y cuando pasa, nada pasa.

Por si esto es poco, los partidócratas además tienen ocurrencias, como la espantosa idea de proponer la asunción al poder de un presidente interino para organizar en el devenir del tiempo –por allá en el año 2014– ¡otras elecciones!, ¿con el fin de volverlas a impugnar?, ¡Seguramente! Para entonces, el pretexto de anulación no sería por dinero sucio y gastos excesivos de campaña porque –como bien conocemos a los partidócratas– ya se habrían protegido contra esto con alguna reforma inmunitaria, sino por algún otro motivo circunstancial con el fin de impedir cualquier intento de progreso nacional; y tal parece, tratan a toda costa de evitar las reformas laboral, fiscal, energética y educativa, y lo único digno de interés según todos los partidócratas habidos y por haber es seguir desangrando el presupuesto estatal, pues el credo por ellos respetado es el mismo del sobresaliente escritor y político veracruzano César – El Tlacuache– Garizurieta (1905-1961): Vivir fuera del presupuesto (gubernamental) es vivir en el error; y de esta idiosincrasia nadie los sacará.

Sería absurdo y perjudicial para el país un interinato de dos años como proponen los políticos de izquierda, máxime cuando la Constitución Política de los Estados Unidos Mexicanos prevé una salida republicana al problema *legaloide* electoral de los partidócratas: el interinato de treinta días. No requerimos más. Al presidente de la república Enrique Peña Nieto costará enorme esfuerzo legitimarse si el IFE no lleva a cabo nuevas elecciones a manera de segunda vuelta electoral, mediante la cual su triunfo del 1 de julio pasado sea confirmado de forma absoluta y sin cuestionamientos de ninguna especie. Con esta medida, tanto el gobierno como la sociedad saldrían por igual beneficiados, habría una avenida amplia para realizar las perentorias reformas estructurales requeridas por México.

Claro, para llevar a cabo esto será indispensable realizar unas elecciones presidenciales a la francesa, tipo exprés, más o menos de cuarenta y cinco días, para votar a finales de noviembre próximo y se otorgue la constancia de mayoría a mediados de diciembre; asimismo, se rinda la protesta del nuevo presidente electo el día 30 de diciembre, apenas cumpliéndose el interinato. El actual presidente francés François Hollande ganó la elección de su país el día 6 de mayo pasado, y recibió la presidencia de Francia tan sólo diez días después de los comicios. En México deberíamos emular el sistema electoral francés si queremos ser, algún día, país moderno como Francia, por ahí podríamos comenzar.

Amén de lo manifestado por los partidócratas de izquierda, para los ciudadanos libres la próxima presidencia de México no podrá ser legítima porque los consejeros del IFE negaron el registro a candidaturas independientes. Hicieron esto contraviniendo la Constitución, pues como ya se ha mencionado en múltiples ocasiones por diversas voces, la Constitución permite las candidaturas independientes, y ahora con la nueva reforma política aprobada por diecisiete legislaturas estatales y promulgada por el presidente de México, cuantimás los ciudadanos independientes tenemos el derecho a registrarnos ante el IFE como candidatos a puestos de elección popular. En este sentido, parafraseando al Movimiento Estudiantil Yo Soy 132, ¡Yo Soy 59!, pues el IFE negó a cincuenta y ocho ciudadanos el registro de sus respectivas candidaturas independientes a diputado federal, senador y presidente de la república.

Más nos convendría a los mexicanos ponernos de acuerdo y organizar unas elecciones plurales y democráticas, así como un necesario interinato presidencial de treinta días para poder concretarlas, y no el interinato de dos años como se pretende, pues no podríamos realizar unas elecciones presidenciales para el año 2014 y al mismo tiempo construir las apremiantes reformas estructurales en las materias laboral, hacendaria, energética y educativa.

Sin milagro ni sorpresa
4 de Julio de 2012

Ganó Enrique Peña Nieto (EPN). Glamour, carisma y popularidad son los componentes principales de su triunfo. No fue victoria aplastante como la vaticinaban todas las empresas encuestadoras: inflaron al doble la ventaja; algunas mediciones triplicaron los números a favor de su ahora evidente candidato.

Lo indignante, subrayo: la información maliciosa fue generada por todas las casas encuestadoras por medio de las cuales el candidato vencedor se promocionó durante la campaña electoral. La ventaja de EPN no era mayúscula como presumía su publicidad. Debería legislarse respecto a este insultante caso no sólo con el fin de salvaguardar nuestra inteligencia, sino también para mantener clasificada la información de las encuestadoras y de esta forma impedir la difusión de una supuesta intención de voto; así la información tendenciosa no influirá en el electorado y nadie se sentirá engañado al conocer los verdaderos resultados.

Sólo por obligación democrática felicito el triunfo de Enrique Peña Nieto; no de manera exultante, pero tampoco transida o entre dientes, sino formalmente franca. Voté por Andrés Manuel López Obrador (AMLO) para presidente a través del partido Movimiento Ciudadano (MC), concediéndole –una vez más– el beneficio de la duda.

El retorno del PRI a Los Pinos es costoso retroceso republicano para México. Con dicho triunfo priísta, el imperio de Satán (por sus frutos lo conocerás, dijo Jesucristo) –el Vaticano– continuará trastornando con total impunidad todos los ámbitos de la vida nacional en connivencia con las instituciones de espionaje públicas y privadas subvencionadas por el gobierno federal, para favorecer intereses vaticanos y de otros gobiernos extranjeros como ha venido ocurriendo, principalmente desde el salinato.

Es por esta razón –el espionaje de gobiernos injerencistas en nuestro México– la necesaria implementación de un servicio contraespionaje abierto a la opinión pública, el cual sea llevado a cabo por reporteros, periodistas y líderes de opinión solventados por el Estado mexicano para la instauración de una organización no gubernamental (ONG) destinada a la recolección, proceso, clasificación y publicación de información; esto, para beneficiar a toda la sociedad mexicana y no como sucede en la actualidad, pues la investigación secreta oficial sólo favorece a los diferentes grupúsculos caciquiles agobiadores y avasalladores del pueblo mexicano. Este proyecto de ONG informativa y protectora de periodistas alertará a la sociedad sobre las actividades delictivas de los espías gubernamentales con el fin de corregir, mediante la legalidad, los abusos cometidos contra los mexicanos y sus instituciones.

En cuanto a la postura asumida por AMLO y su movimiento político, es legal tratar de impugnar la elección presidencial, pues generalmente ocurre con frecuencia en los partidos relegados al segundo lugar de la votación. Sin embargo, no debe caerse en demagogia y abusar de la confianza de simpatizantes como el movimiento estudiantil Yo Soy 132.

Tampoco deben crearse falsas expectativas, las cuales afectan la moral cívica de los jóvenes. Debe hablarse con la verdad. Sería muy recomendable renovar cuanto antes el liderazgo de las distintas corrientes de izquierda; es lo sano para la vida democrática del país. Quien se considere apto para el relevo generacional en la conducción de las izquierdas en México, debe asumir desde ahora su responsabilidad y abandonar fanatismos ideológicos tan dañinos para nuestra democracia. Ahí están Marcelo Ebrard, Lázaro Cárdenas, Alejandro de Jesús Encinas Rodríguez y Ricardo Mejía Berdeja, esto por mencionar algunos líderes con gran aceptación y reconocimiento popular, ¿hay otro más?

Cuando los partidócratas quieren, pueden trabajar unidos sin importar colores partidistas ni ideologías, pues simple y sencillamente todos ellos están 'cortados' con las mismas tijeras. Ergo, estaría magnífico ir limando asperezas y cada quien desde su trinchera abone con políticas propositivas para sacar al país de todos sus problemas; el más acuciante: la dolorosa hambre, también la falta de empleos. Es una gran tarea por delante y el Presidente Constitucional de México Enrique Peña Nieto necesita conjuntar todos los esfuerzos para resolverla; por esto, lo aconsejable es olvidar ideologías o posturas demagógicas y trabajar para México de tiempo completo.

El corrido de Colosio
20 de Junio de 2012

Durante el periodo electoral del año 2000, el ingeniero Cuauhtémoc Cárdenas Solórzano, entonces candidato presidencial, fue entrevistado en un programa especial de Televisa por la periodista Carmen Aristegui. En aquella ocasión, con fondo escenográfico color negro, la señorita Carmen preguntó a Cuauhtémoc Cárdenas por qué razón no aceptó la protección del Estado Mayor Presidencial para la campaña; así, Cuauhtémoc Cárdenas respondió con sonrisa claridosa y dijo textualmente: "¿Para qué? No tiene caso. A Colosio lo mató su escolta".

Una verdad sobreentendida por los políticos es que la orden de asesinar al candidato presidencial Luis Donaldo Colosio Murrieta, en aquel aciago 23 de marzo de 1994, provino de la cúspide priísta, del partido en el poder presidencial.

Dieciocho años han transcurrido desde entonces, pero es tanta la frustración nacional que en nuestro sentir la tragedia sucedió ayer.

Aquellos demonios traidores aún no han perdido el poder político y se aprestan a recobrar la cereza del pastel: la presidencia de la república; la cual concedieron de manera temporal para aparentar ante el mundo que nuestro país había logrado dar un paso a la anhelada modernidad, y que los señalamientos con los cuales se etiquetaba al entonces gobierno federal priísta como una dictadura perfecta, autoritario y represor, o de estirpe dinosáurica, eran críticas de mala fe, infundadas, del imaginario colectivo. Sin embargo, es secreto a voces que la orden de asesinar a Luis Donaldo Colosio Murrieta cayó fulminante como un rayo desde altísimo cargo (lo menciono quedo: el presidencial); por lo que fue inexorable la ejecución.

Ahora, dicho partido promete convertir a México en el émulo de Jauja; y para que la promesa adquiera mayor peso en el electorado, la asociación Por Un México Mejor, tal vez sin saberlo, realiza promocionales ad hoc, mostrándonos el advenimiento de una época maravillosa, paradisíaca, donde todos los niños de México somos felices y prósperos porque al fin cada quien cumplimos nuestras obligaciones y nos hemos convertido en personas responsables, respetuosas de las leyes e instituciones; y aquel interregno de nuestra nación, símil de la era priísta que tan perfecto retrataron en el primer promocional de Por Un México Mejor, ha quedado tan lejano dándonos sensación que aquéllo nunca existió; luego entonces, aquel PRI corruptor y autoritario no existe más, es cosa de pasado muy remoto. ¿Qué candidato es el beneficiario de estos promocionales que sólo en Hollywood hubieran hecho mejor? Es inevitable la suspicacia.

Entonces, ¿qué haremos?, ¿dejaremos en el archivo muerto el terrible pasado priísta?, ¿cómo hacerlo si la misma pandilla de hace veinte años continúa activa maquinando su regreso a la presidencia? Los ciudadanos que amamos a México no debemos continuar impasibles y por lo menos tenemos la obligación de expresar nuestro categórico rechazo a la posibilidad que el autoritarismo priísta retorne al poder presidencial. Con este fin, en esta ocasión expreso mi repudio al priísmo dinosáurico –a punto de ganar la presidencia de no ocurrir un milagro– con la composición de la letra del Colosiorrido, de mi humilde autoría, pero cualquier persona puede disponer de él, únicamente pido por favor mencionar la fuente: Votar conviene. A continuación, el Colosiorrido:

En marzo noventa y cuatro

el PRI ordenó el sacrificio

de su propio candidato.

De Agualeguas fue el mandato.

México siempre recuerda

al gobierno autoritario,

inhumano y represor.

No hay castigo al ofensor.

El candidato Colosio

observó lo corrompido;

denunció al salinato

que ordenó su asesinato.

La respuesta vengativa

la urdieron como decreto.

Fue cobarde el agresor,

aun le dieron protector.

Así muestren otra cara,

quesque son nuevo partido;

no les creas ni tantito,

no te tomen por tontito.

Aunque digan que han cambiado

no te dejes engañar.

Mira bien la gaviotita;

vuela, vuela, palomita.

Ya basta de tanta charla.

Ahora, lo que vas a hacer

es salir a sufragar.

¡Vamos todos a votar!

Candidatura Yo Soy 132
6 de Junio de 2012

Resultó sorpresivo que la carcacha amarilla que habíamos dejado en el corralón del acróstico surrealista a AMLO Los necesarios tiempos extras futboleros, resurgiera ¡turbo cargada!, gracias al empujón político apartidista del movimiento estudiantil Yo Soy 132, ¿quién lo hubiere imaginado?

Según sabemos, los estudiantes universitarios apoyan a AMLO no porque él pertenezca a partidos de izquierda, pues dichos estudiantes se han declarado apartidistas, sino porque AMLO se ostenta como el cambio verdadero para México, y ellos, los estudiantes universitarios de todo el país, han creído esto y apuestan su voto de confianza, que es el voto independiente y razonado, por él.

Los jóvenes demuestran con esa postura política apartidista del voto inteligente una genuina cultura cívica, institucional y patriótica, ya que han decidido forjar por sí mismos con su activismo ciudadano pacífico, inofensivo y empático, el futuro de oportunidades que la partidocracia les ha negado.

Por tal motivo, los jóvenes se han atrevido a apoyar propuestas políticas que van más allá de ideologías partidarias, y se reubican en una cosmovisión de estadistas que a los partidócratas no conviene asumir, porque para estos los intereses sectarios de poder están por encima del bien común republicano, tal como han evidenciado en infinidad de ocasiones con los escándalos de corrupción que tan seguido resuenan en México y en los cuales se han visto involucrados.

Ningún líder político del México contemporáneo –desde Luis Donaldo Colosio Murrieta– ha defendido más las causas republicanas como ha hecho el licenciado Andrés Manuel López Obrador, candidato presidencial por el partido Movimiento Ciudadano (MC); por ende, ningún político mexicano o activista social de la actualidad tiene autoridad moral para recriminar con razonable justicia y dignidad el patriótico radicalismo nacionalista con que AMLO se conduce.

No hay cabida para incongruencias cuando un movimiento político que se declara apartidista y antipartidócrata apoya una candidatura partidista de alguien que pertenece a la partidocracia –cuantimenos si el IFE negó inconstitucionalmente el registro a candidaturas independientes– siempre y cuando dicho personaje trascienda por sus hechos republicanos en su compromiso por el bien común de la nación. Para el movimiento estudiantil Yo Soy 132, este es el caso del candidato presidencial Andrés Manuel López Obrador, y por esto únicamente a él expresa solidaridad y ofrece el voto.

En mi opinión personal, considero que los cuatro candidatos presidenciales son excelentes mexicanos, finísimas personas, todos ellos dignos de respeto y que en realidad desean lo mejor para México, cada quien a su manera y acorde a su ideología partidaria; pero en el momento de ponerlos en una balanza justa, si hemos de medirlos por el mismo rasero, con la misma vara, encontraremos que en algunos de ellos el liderazgo político queda supeditado a la preservación de privilegios clasistas, partidistas, mafiosos e intervencionistas, los cuales perjudican todos los ámbitos de la vida nacional.

Ninguna facción sectaria, llámese cacicazgo sindical, confesión religiosa, partido político, grupúsculo mediático, cártel delincuencial, empresa transnacional o Estado injerencista, permitirá que sus cotos de poder en México se vean disminuidos ni mucho menos cancelados, aunque para mantenerlos tenga que pisotear los derechos fundamentales del pueblo mexicano.

En esta balanza justa de la que hablamos, contra cualquier pronóstico, saldría ganando el candidato presidencial Gabriel Quadri, postulado por el Partido Nueva Alianza, pues él representa fielmente a los ciudadanos que estamos repudiando a la partidocracia, porque es el más ciudadano de los candidatos presidenciales. Es una lástima que todavía no se haya deslindado de manera formal y categórica de la maestra Elba Esther Gordillo Morales, a quien la mayoría de los mexicanos consideramos antidemocrática por reelegirse de forma perenne en el liderazgo del Sindicato Nacional de Trabajadores de la Educación (SNTE). Tal vez por esa lamentable indefinición del candidato Gabriel Quadri, el movimiento Yo Soy 132 prefiere respaldar al candidato Andrés Manuel López Obrador, esto a pesar que Gabriel Quadri cuenta con una magnífica trayectoria profesional que lo califica excelente para convertirlo en el próximo presidente de México.

No obstante, en las circunstancias actuales, considero que el único candidato que ha demostrado resolución ante los diferentes grupos injerencistas ajenos al interés general del pueblo mexicano es Andrés Manuel López Obrador, cuyas propuestas de gobierno hay que analizar detenidamente para advertir que no vayan a resultar perjudiciales sino benéficas para todo el país, en especial para los jóvenes, quienes no merecen el destino que los mayores hemos endilgado a la república por nuestra necia apatía y pasividad política al permitir que los partidócratas hicieran de las suyas durante tanto tiempo.

Reforma laboral
13 de Mayo de 2012

1.- Apoyos contantes y sonantes.

En el debate presidencial efectuado el pasado domingo 6 de mayo, organizado por el Instituto Federal Electoral (IFE), la empresaria y política Josefina Vázquez Mota, candidata del Partido Acción Nacional (PAN) a presidenta de México, expresó la intención de promover la exención del pago de las cuotas obrero patronales para las micro, pequeñas y medianas empresas con el fin plausible de alentar la generación de empleos en el país.

Fue emocionante escuchar esa propuesta genial por parte de la licenciada Josefina, ya que es precisamente por este tipo de lastres impositivos que la política microeconómica en México es un fracaso, a diferencia de la macroeconómica que se ha mantenido aceptable a pesar de las crisis financieras accionadas globalmente por capitales especulativos que afectaron regímenes fiscales en Estados Unidos y la Unión Europea.

Desgraciadamente, en el programa Tercer Grado de Televisa del pasado miércoles 9, a pregunta expresa del talentoso periodista Carlos Loret de Mola, la licenciada Josefina aclaró que para poder llevar a cabo la exención de cuotas obrero patronales primero es necesaria una reforma hacendaria y otra laboral, esto significa entonces que el ofrecimiento nunca fue viable para ella sin estas reformas, y entiendo que tal vez dicha propuesta la presentó en el debate sólo con fines retóricos para adornar su discurso de candidata.

2.- Liberar el empleo, la productividad y competitividad.

No se requiere ser contador o abogado –estaría magnífico serlo– para darnos cuenta que el pago de cuotas al Instituto Mexicano del Seguro Social (IMSS), más el cumplimiento de las prestaciones que ordena la Ley Federal del Trabajo, representa conflicto de interés entre empleados y empresarios, y que esto frena la creación de nuevos empleos, la productividad y competitividad de las empresas. Verbo y gracia, cuando un empleado desea terminar la relación laboral, intencionalmente baja su desempeño para que el patrón lo despida y sólo entonces adquiere derecho al finiquito correspondiente que asciende al cobro íntegro de tres meses de sueldo más prestaciones. De igual manera, cuando el patrón desea despedir al empleado, hace la vida imposible para que el trabajador renuncie y no tenga derecho al correspondiente finiquito por despido injustificado que son, además de otras prestaciones, los tres meses de sueldo íntegro, que constituye una injusta especie de seguro de desempleo porque es a costo exclusivo del patrón. Igualmente, existe el contrato de rescisión mediante el cual obrero y patrón de común acuerdo dan por finalizada la relación laboral, pero de cualquier forma el patrón debe otorgar al empleado todas las prestaciones de ley, pues nadie puede renunciar a los derechos que otorga la Constitución. También ocurre esto con el asunto de las incapacidades por enfermedad o accidente, así como en licencias de embarazo; en el cual, el patrón está obligado a pagar un alto porcentaje del sueldo.

Este conflicto de interés obrero patronal conlleva no sólo una afectación en la productividad de las empresas, sino que deteriora las relaciones interpersonales; lo cual podría evitarse al aplicar una política gubernativa adecuada; verbigracia, la exención de las cuotas obrero patronales al IMSS, y que las prestaciones de ley conformen un seguro por separación del empleo –temporal o definitivo– a cargo de la Secretaría del Trabajo y Previsión Social (STPS), explico adelante. En el entendido que la separación temporal del empleo corresponde a las licencias, incapacidades y vacaciones, previstas en la ley.

En referencia a las licencias por embarazo, sería justo que la propia Secretaría del Trabajo pague el sueldo íntegro de la mujer durante el periodo de licencia para evitar que las empresas discriminen a las mujeres y no las contraten por temor a que estén esperando un bebé. Con relación a esto, debemos reconocer que a las mujeres ha costado mayor esfuerzo ganarse un lugar en el ámbito laboral paradójicamente debido a su maravillosa capacidad de procreación. Lamentablemente, no es redituable para las empresas contratar una mujer embarazada que para dar a luz y reponerse necesita ausentarse ochenta y cuatro días del lugar de trabajo. Ergo, resulta obvio que en México no se ha hecho justicia laboral para las mujeres, por esto no hay equidad de género en las empresas. Además, para poder ejercer el derecho de maternidad –la licencia de embarazo– la mujer debe esperar a que el niño o niña por nacer cumpla treinta semanas de gestación, o sea, cuarenta y dos días antes del parto. Aunque algunos aleguen que el embarazo es un estado natural de la mujer y que ella soporta todo, esto es una injusticia atroz porque he visto cuánto sufre. Seguramente, las mujeres embarazadas soportan todo porque no han tenido otra alternativa hasta ahora. ¿Por qué no permitir a la mujer el reposo a partir de la semana doce de embarazo? La implementación de esta medida humanitaria también constituiría un seguro de alumbramiento para el bebé en gestación porque desalentaría al abacto. Es una idea magnífica.

3.- Las conquistas obrero patronales.

En este orden de ideas, debido a que resultaría imposible implementar una reforma laboral justa para las empresas sin romper el equilibrio logrado por las conquistas obreras traducidas en la Ley Federal del Trabajo, el gobierno debe asumir los costos de una reforma laboral propicia a la creación de empleos bien remunerados y empresas más productivas. Dicho de otra manera, todos los derechos laborales y prestaciones del trabajador contenidos en la Ley Federal del Trabajo deben conservarse intactos, en la inteligencia que será la Secretaría del Trabajo y Previsión Social la encargada de otorgar dichas prestaciones: Infonavit y Afore, así como los pagos correspondientes al trabajador que se separa temporal o de manera definitiva del empleo, consistentes en primas vacacionales, incapacidades, licencias, renuncias, despidos, pensiones y jubilaciones; restando en el patrón únicamente la responsabilidad frente al obrero de pagar salario –incluyendo horas extras, días de descanso y festivos–, el aguinaldo y las utilidades; y ante la Secretaría de Hacienda y Crédito Público (SHyCP), los impuestos del Sistema Renta, condición indispensable para que las empresas puedan acceder a los nuevos beneficios de la reforma laboral proporcionados por medio del Banco de las Garantías Obreropatronales, cuyo proyecto de creación justifico adelante.

4.- Realización de la reforma laboral.

Administrar eficaz y eficientemente los recursos del Estado en beneficio de sus integrantes es obligación de todo gobierno. Administrar la riqueza a favor de quien la genera no es ser elitista ni populista, tampoco se trata de capitalismo ni socialismo, es primordialmente un asunto de honradez. En este caso, el hecho que el gobierno asuma los costos de una reforma laboral para beneficiar a la clase obrero patronal es un asunto de justicia elemental, pues son las empresas con sus obreros las mayores generadoras de riqueza del

Estado. Por el contrario, la política social del gobierno está equivocada en perjuicio de la clase obrero patronal, porque destina cada vez más y más apoyos económicos a personas en pobreza, a mayores de setenta años y becas estudiantiles, lo cual no es malo, pero tiene la desventaja que, para proteger a unos, el gobierno desampara a quienes no debería: las empresas.

Qué diferente sería apoyar con medidas categóricas de administración a todas las empresas establecidas en México, teniendo claro que no se regalará nada a los obreros ni a los empresarios, sino que en concordancia a sus derechos laborales y empresariales se reintegrará a su contabilidad parte de la riqueza que ellos producen para el Estado. De esta forma, al fortalecer a la clase obrero patronal, se generarán oportunidades para toda la población económicamente activa (50.2 millones de personas) y los programas paliativos contra la pobreza podrán eliminarse gradualmente.

Con la finalidad de llevar a cabo las reformas en la esfera obrero patronal que necesita México y para evitar retrasos en su implementación, debe actuarse conforme a la lógica que implica un proceso reformista de esta magnitud. No se trata de reformar la legislación laboral sin comprobar antes que los cambios propuestos tendrán los efectos deseados.

En este sentido, los cambios deben llevarse a la práctica por decreto presidencial que ejecute a priori dichas acciones reformistas con el visto bueno de las comisiones legislativas del Trabajo y Hacienda, de tal forma que permita realizar a posteriori un análisis concluyente de las medidas ejercidas a tres años de su implementación. Esto, con la meta clara de establecer los cambios en el marco de la legislación laboral que hayan probado ser efectivos y benéficos para todo el país. De esta manera, el Honorable Congreso de la Unión, con pleno conocimiento de causa, podrá constituir nueva legislación laboral cuyos ordenamientos reformistas hayan resultado ser correctos.

5.- El Banco de las Garantías Obreropatronales (BANGO).

Entre las acciones a llevar a cabo está la de liberar al IMSS del sistema de pensiones para que sus funciones se circunscriban exclusivamente al ámbito de los servicios a la salud pública. De conformidad con lo anterior, es necesaria la creación del Banco de las Garantías Obreropatronales que será el medio para el cobro de pensiones y todas las prestaciones que marca la Ley Federal del Trabajo. El Banco de las Garantías Obreropatronales se creará aprovechando la infraestructura administrativa del IMSS en este rubro, cuyo sindicato también disfrutará de los beneficios por la contratación de mejores plazas; todo con la mira de garantizar justicia laboral, la misma para trabajadores que para empresarios. Tendrá a su cargo el padrón laboral con el cual llevará control del currículo laboral de cada trabajador y empresa para evitar cobros fraudulentos y conflictos obrero patronales por incumplimiento de alguna de las partes.

El Banco de las Garantías Obreropatronales será dependiente de la Secretaría del Trabajo y Previsión Social y tendrá cobertura en todo el territorio nacional, incluso en las zonas rurales apartadas –en este caso, aprovechando la infraestructura de Telecomunicaciones de México (Telecomm)– para que mediante el flujo de capital se permita combatir la pobreza en las zonas marginadas del campo mexicano; asimismo, para evitar a patrones y trabajadores la necesidad de trasladarse a la ciudad con el fin de acceder a los beneficios bancarios y administrativos en las materias laboral y hacendaria. Los trámites respectivos ante las secretarías del Trabajo y Hacienda podrán efectuarse por medio de las ventanillas de Telecomm habilitadas como sucursales del Banco de las Garantías Obreropatronales.

La creación del Banco de las Garantías Obreropatronales tiene como finalidad brindar certeza jurídica, administrativa y financiera a las empresas con relación a sus empleados, y como función principal garantizar el pago oportuno de todas las prestaciones de ley. De tal suerte que el patrón únicamente informará a la Secretaría del Trabajo y Previsión Social el estatus laboral del empleado; por ejemplo, contrataciones, despidos, incapacidades, licencias, permisos, renuncias, vacaciones y jubilaciones, para que –sin cargo alguno para el patrón– el Banco de las Garantías Obreropatronales cubra todos los pagos que correspondan; incluso realizará el pago más significativo, solventará en su totalidad los salarios íntegros de las mujeres embarazadas con licencia a partir de la semana doce. Con la implementación de esta nueva modalidad laboral, el patrón tendrá a su criterio la contratación de otra mujer para cubrir la ausencia temporal de la primera. Como ya señalé anteriormente, todo sin costo extra para el patrón, quien, respecto a sus empleados, estará obligado al pago de salarios, aguinaldos y utilidades, nada más. Concerniente al pago de impuestos, la empresa deberá realizar puntualmente el pago del Sistema Renta a la Secretaría de Hacienda y Crédito Público, consistente en el Impuesto Empresarial a Tasa Única (IETU) y el Impuesto Sobre la Renta (ISR), más el Impuesto a Depósitos en Efectivo (IDE) cuando aplique, vía el Banco de las Garantías Obreropatronales. Esto último garantizará que un número mayor de empresas en México causen alta en Hacienda en caso que consideren conveniente gozar de los beneficios de la reforma laboral.

El Banco de las Garantías Obreropatronales también permitirá que México recupere de forma paulatina su sistema de pagos, pues en la actualidad el 89 por ciento está controlado por la banca extranjera. A propósito, el Banco de las Garantías Obreropatronales no suplirá funciones crediticias que la banca comercial ofrece con programas exitosos como los que estableció Banco Azteca para la conformación de microempresas, ni tampoco ofrecerá tarjetas de crédito u otros servicios de inversión que lo alejen de su misión principal que es la de garantizar con plena certeza jurídica, administrativa y financiera, el goce de las prestaciones de ley a la clase obrero patronal. Funcionará con la apertura de cuentas personales a los trabajadores previamente registrados en el Padrón Laboral, quienes podrán hacer uso del servicio de nómina empleando una tarjeta interbancaria expedida por el Banco de las Garantías Obreropatronales cuando la empresa a que pertenezcan solicite este beneficio.

6.- Artículo 123 constitucional, apartado A, fracción IX, inciso E. Utilidades.

La Participación de los Trabajadores en las Utilidades (PTU) de las empresas está concatenada al Impuesto Sobre la Renta, en consonancia con el ordenamiento previo que a la letra dice: «Para determinar el monto de las utilidades de cada empresa se tomará como parámetro la renta gravable de conformidad con las disposiciones de la Ley del Impuesto Sobre la Renta».

Antes de la inclusión del IETU al Sistema Renta en 2008 como impuesto mínimo del Impuesto Sobre la Renta, el cual sustituyó al Impuesto al Activo (IMPAC), era fácil para las empresas soslayar al ISR porque el IMPAC se debilitó jurídicamente y frenaba la inversión de capital. En cambio, el IETU conmina a las empresas a cumplir con el ISR; permitió disminuir la carga impositiva a las empresas que pagaban de más, y nivelar el pago del ISR de aquellas empresas que pagaban de menos, así como prevenir la elusión en empresas que no se habían reportado de forma correcta ante la SHyCP. Esto, porque a diferencia del IMPAC, el IETU ha sido declarado constitucional por la Suprema Corte de Justicia de la Nación. Por tanto, el IETU es 100 por ciento mexicano y es un ángel guardián para el correcto pago de las utilidades a los trabajadores, pues ha logrado incrementar de manera significativa el cumplimiento de los pagos del Sistema Renta. Esta información la proporcionó el gobernador de Banxico doctor Agustín Carstens por medio de entrevistas que realizaron para tal propósito varios medios periodísticos.

7.- Reconocimiento a la admirable señora Josefina Vázquez Mota.

Estoy seguro que la licenciada Josefina Vázquez Mota está consciente que una reforma de esta envergadura es posible, necesaria y justa, y por esto tuvo el gran tino de proponerla; sin embargo, esperar a que el H. Congreso de la Unión logre un acuerdo mayoritario para establecer los cambios necesarios en las materias laboral y hacendaria es algo que sería muy difícil de creer. Con todo, esta propuesta de eliminar el pago de las cuotas obrero patronales al IMSS, sin menoscabo a los derechos constitucionales de los trabajadores, de concretar hoy por hoy su realización, representaría el cambio social y económico del siglo XXI para México.

8.- Numeralia.

En la actualidad, las empresas aportan 172 mil millones de pesos al presupuesto anual del IMSS, que equivale al 68 por ciento del ingreso total de esa dependencia gubernamental. La recaudación del ISR para 2011 fue de 693 mil 672 millones de pesos (fuente: SHyCP, vía los periódicos Milenio y El Economista).

Los reporteros republicanos
18 de Abril de 2012

Una medida toral para realizar el cambio social requerido por México a efecto de luchar contra la subcultura de la transa, la corrupción, el crimen, la partidocracia, es la denuncia ciudadana.

Por ejemplo, la extorsión, la cual existe desde que el PRI es PRI y es parte fundamental de su sistema, pero nadie denunciaba porque resultaba contraproducente. Incluso ahora no existen autoridades encargadas de combatir la extorsión a comercios establecidos y ni siquiera está debidamente tipificada en algunas legislaturas estatales.

¿Qué ocurre? ¿Acaso el gobierno ignoraba que los comerciantes eran extorsionados por delincuentes con el cobro por derecho de piso y falsa protección?

Por supuesto que no, porque el crimen organizado había estado en todo momento controlado por los gobiernos priístas. Sucedió que con el cambio de partido en la presidencia cada quien 'jaló para su milpita', es decir, veló por sus respectivas ganancias deshonestas, ignorando la nueva cabeza presidencial.

El actual gobierno apenas unos tres años atrás dio cabida al tema de la extorsión, ocurrió como en el genocidio de Tlatelolco de 1968, transcurrieron treinta años para que Televisa pudiera dar la noticia de aquella matanza. El gobierno conoce todo, no existe una mínima actividad criminal ignorada por el gobierno. El sistema de inteligencia es absoluto en todo el territorio nacional y más allá de las fronteras mexicanas. Sin embargo, tanto al gobierno mexicano como al estadunidense conviene un sistema híbrido de gobierno, donde haya democracia, sí, pero también un poco de anarquismo, pues a los grupos de poder no les viene nada mal para los negocios. Que me desmienta el operativo Rápido y furioso… no puede.

El sistema de información gubernamental no sirve a la ciudadanía, al pueblo, ni la democracia, sino a grupúsculos conformados al crimen organizado, los cuales alimentan el anarquismo que ha podrido gran parte de las instituciones sociales, y el pueblo sufre esta calamidad en carne propia porque sus nuevas generaciones son vulnerables y fáciles de corromper; esto, provocado por el establishment para que el sistema anárquico abuse de nuestros jóvenes sin que opongan mayor resistencia, cayendo así en la vorágine de gobierno corruptor, sociedad esclava y corrompida.

No obstante, sí puede haber soluciones, una de ellas sería que los sistemas de inteligencia que ahora sirven a los grupos de poder beneficien a la ciudadanía. ¿De qué manera los ciudadanos podríamos cumplir esta misión imposible?

La forma lógica para lograr que los servicios de inteligencia sirvan a la democracia y no a los grupos anarquistas, es reducir la actual nómina gubernamental destinada a los servicios de inteligencia del Centro de Investigación y Seguridad Nacional (CISEN) y la Interpol, así como prescindir de las agencias privadas de espionaje que contrata el gobierno, las cuales resultan perniciosas para la sociedad mexicana, no sólo por su elevadísimo costo, sino porque son muy provechosas para fortalecer al crimen organizado. Reducir 50 por ciento estos recursos para reasignarlos en un servicio de inteligencia eficaz, eficiente y republicano, el cual sea efectuado por profesionales de la información, como reporteros, periodistas y líderes de opinión, quienes han hecho de su actividad verdadera heroína de México, tal como ha quedado plasmado en nuestra historia patria, pero muchos de ellos han sido relegados por oponerse a sinrazones gubernativas nada populares como el malgasto de recursos, o por ser contrarios a intereses sectarios de poder.

Un sistema de información que utilice los servicios de aquellos reporteros destacamentados en campos de batalla ciudadanos, como los comercios legalmente establecidos, y los cuales actúan con sus reportajes contra la delincuencia organizada, donde su actividad periodística monitorea y disuade a los criminales que frenan el empleo, la productividad y el desarrollo.

Recordemos que los reporteros de los diarios más humildes fueron los primeros en denunciar las distintas actividades criminales como la extorsión, trata de blancas y contrabando, por mencionar unos ejemplos; esto, cuando era impensable que se mencionaran dichos crímenes en los programas de información televisivos.

Una vez puestos a la luz los criminales utilizados por la cara oculta del establishment para asolar a la población económicamente activa, las autoridades estarían obligadísimas a actuar, en su defecto, a renunciar, porque este nuevo sistema de información de reporteros republicanos organizaría a la ciudadanía para tomar acción contra servidores públicos corruptos, ineptos y perversos. Estaríamos consolidando así una verdadera democracia y un Estado constitucional de derecho.

Agresor homosexual Luis Roque
9 de Abril de 2012

Estabas conmigo en la comandancia de Nogales durante el periodo nocturno. En una ocasión mientras dormía me indujeron a estado hipnótico. Desperté con angustia y turbación.

¿Fue el homosexual *enmascarado* y coronel retirado Sergio Israel Corona Nava-Bracamontes quien me indujo a ese estado de inconsciencia? Tú estabas presente y en tus cinco sentidos.

¿Para quién 'trabajaron'? ¿Delinquieron para el disimulado activista homosexual Manuel F. Rosa de Guadañupe, o para los homosexuales secretos Horacio de Camil, y Toto Violante, a quienes por ser obscenos e hipócritas los denuncié en la Heroica Universidad Naval Militar?

¿Fueron ellos quienes te aconsejaron usar en el sanitario la pastilla Harpic con colorante para enturbiar el agua?

¿El homosexual *tapado* Sergio Israel Corona Nava-Bracamontes te proporcionaba los somníferos y drogas para adulterar alimentos y bebidas?

Tengo esta sospecha porque fue en aquella ocasión cuando vi una pequeña mácula de sangre en el papel sanitario, pero no pude ver el excremento porque el agua tenía colorante, habías puesto una pastilla desinfectante oscura al depósito de agua del sanitario para que yo no pudiera ver las heces ni supiera la verdad. En aquella vez supuse que probablemente había sido sodomizado, pero descarté la conjetura, pues habría sido, más que perverso, diabólico de tu parte.

Cuando el homosexópata de clóset Sergio Israel Corona Nava-Bracamontes me preguntó en febrero del año 2010 cuál fue mi intención al no protestar por el ultraje contra mi humanidad ocurrido en la comandancia de Nogales en el año 1998, contesté que fue porque esperaba que los activistas homosexuales encubiertos; refiriéndome a él, al senador de la república Manuel F. Rosa de Guadañupe, y a la célula de homosexuales *embozados* del Estado Mayor General de la Armada de Nueva España, sección segunda; utilizaran aquel material en mi agravio (videograbaron todo), con el fin que se evidenciaran en sus delitos de espionaje y violación homosexual.

Después descubrí que los espías homosexualistas no utilizaron los videos ilegales porque intentaban, además de difamarme, que me convirtiera en homosexual como ellos, mas esto último no han conseguido porque no he perdido la aversión a la homosexualidad, y porque para copular únicamente me gusta la mujer, pues la coaptación genital –el coito–, la cual brinda placer conforme a nuestra naturaleza humana, sólo es posible entre el hombre y la mujer. Sin embargo, esto no han querido entender mis perseguidores porque creen que podrían conseguir su fin abominable si lograsen confundirme con cada ataque a mi integridad sexual y emocional que me infligen previa sedación para enajenarme y despojarme de la conciencia y el albedrío.

Lamentablemente, no soy la única víctima, pues los activistas homosexuales en control de las instituciones de investigación y espionaje, tanto privadas subvencionadas por el gobierno como del servicio público, responden –entre otros– a intereses sodomitas de la religión vaticana, la cual actúa contra cristianos, muchos de los cuales han sucumbido a la homosexualidad porque nunca supieron que fueron manipulados psicológicamente para confundirlos; porque cuando los activistas heterofóbicos han drogado a sus víctimas con bebidas o alimentos adulterados, ellas no se percatan de nada, pues tienen anulada la conciencia. Cuando pasa el efecto de la droga las víctimas despiertan del estado hipnótico platicando o haciendo algo inmoral que nunca imaginaron, y no saben qué ocurrió en el intermedio: fueron dañadas en su integridad sexual, psicológica y emocional. Debido a que la memoria inmediata no queda registrada, sufren desconcierto.

Así actúan los activistas homosexuales secretos y heterofóbicos como Manuel F. Rosa de Guadañupe, Sergio Israel Corona Nava-Bracamontes y la sicalíptica célula de espías protegidos que está enquistada en la Armada de Nueva España, ¿no es así?

Afortunadamente, entre los agentes comisionados para perjudicarme hay confidentes que me alertan de su presencia, como la ocasión en que Toto Violante te relevó en tu caracterización; esto, siempre que han podido hacerlo sin arriesgar su vida o su empleo y sólo cuando yo permito el acercamiento.

En el edificio del Centro de Espionajes Superiores Navales (Cesnav) evité que el capitán Lozano me contactara, tuve que ignorarlo cuando cauteloso trataba de llamar mi atención, aunque después estuvo como oficial encubierto en la Gendarmería Nacional y comprobó que no soy homosexual en ningún sentido, pues repulso la sodomía íncuba y súcuba. Por ejemplo, el día en que estuvimos en la playa de San Carlos, Sonora, entre los agentes que nos espiaban a distancia estaba un amigo mío, incluso mencioné que por lo menos a uno de aquéllos conocía, ¿recuerdas? Tampoco olvides Luis Roque: al confesar, te liberas. ¿Tu familia está informada de la vileza que fuiste capaz de cometer para conseguir la fama y el éxito que tanto anhelabas? No lo dudo. (Aquí finaliza la epístola a Luis Roque).

Sobre la participación del soterrado activista homosexual y senador de la república Manuel F. Rosa de Guadañupe en los delitos que hago del conocimiento de la respetable opinión pública –entre los cuales está la virtual reclusión que padezco en mi domicilio–, sólo encuentro como móvil del crimen, aparte de la heterofobia, algún supuesto parentesco que tal vez tenemos; de ello no estoy seguro, pero un examen de ADN daría la certeza. Las autoridades judiciales podrían tomar el posible parentesco como línea de investigación.

En esta historia imaginaria hay varios culpables, pero el mayor responsable que se negó a cumplir con su deber desde el principio, quien actuó a favor de los homosexuales anónimos de la Heroica Universidad Naval Militar en el año 1990, en lugar de investigarlos, es el coronel retirado y licenciado criminólogo Sergio Israel Corona Nava-Bracamontes, quien es homosexual no declarado, de acuerdo con información familiar que tengo sobre él.

A propósito, el tema de la comandancia de Nogales en el año 1998 era secreto muy delicado que nunca manifesté a nadie con la esperanza de utilizarlo contra los victimarios cuando se diera la oportunidad, por tanto, si Sergio Corona sabía de los hechos, se incriminó él mismo con la pregunta sobre sus delitos en Nogales, pero tuvo el atrevimiento de cuestionarme porque supuso erróneamente que yo conversaba en estado subconsciente, afectado por el café adulterado que me había brindado su esposa minutos antes, a quien descubrí cuando de manera disimulada disolvía la droga en agua hirviendo.

El testaferro del actor Sergio Corona, Israel Nava, de inmediato se dio cuenta de su grave error porque la pregunta lo evidenció, se puso nervioso al percatarse que yo estaba aún consciente; y aunque había resuelto no dormir mi consciencia, no pude luchar por más tiempo contra los psicotrópicos que bebí con el café.

Tomé el café aun sabiéndolo adulterado para comprobar si la familia Corona había actuado repetidas veces de la misma manera, en complicidad con terceras personas a partir del año 1988, y poder constatar que estaba involucrada en estos crímenes. Así, todas mis sospechas sobre el licenciado criminólogo –alacrán con alas– Sergio Israel Corona Nava-Bracamontes y su despreciable familia, se confirmaron de manera categórica.

Escolio:

Originalmente publiqué esta invectiva en internet utilizando nombres reales de los involucrados; para evitar inconvenientes la declaré imaginaria.

El nombre Sergio Israel Corona Nava-Bracamontes representa a dos personajes interpretados por un mismo sujeto que utiliza dos identidades: Sergio Corona-Ortega e Israel Nava-Bracamontes.

Así mismo, el culpable de la sodomía en realidad es Toto Violante y no Luis Roque, quien furioso por la estratégica acusación imprecisa que le imputé, allanó mi casa mientras yo dormía, la madrugada del 6 de diciembre de 2012, vestido de civil, en compañía de dos agentes uniformados de gris oscuro, más otro agente que no vi pero llamaron "Temo [sic]". Horas antes de este suceso, Luis Roque había actuado en una obra de teatro en el Auditorio Cívico Municipal de Guaymas.

¿Cómo supe del allanamiento? Logré salir del trance hipnótico durante el interrogatorio que Luis Roque me hacía, quien al percatarse que abrí los ojos desobedeciendo la orden amenazante de no abrirlos, golpeó mi cabeza contra la pared, noqueándome. También pude identificarlo plenamente debido a que Luis Roque, sentado sobre el borde de mi cama, miraba la pared en el mismo instante en que preguntaba, y quien avisó que yo había despertado fue el agente que estaba a su izquierda en posición militar de descanso, pues fue el primero en darse cuenta; el agente que estaba detrás de él en la misma posición militar también lo alertó casi de manera simultánea.

Los espías huyeron alterados, y sé esto porque dejaron mal cerrada la puerta de mi cuarto, lo cual descubrí al levantarme en la mañana, con dolor en la parte posterior de la cabeza. De no haber sido por el desmayo que sufrí debido al golpe en la cabeza, yo mismo en estado hipnótico –dormido– habría cerrado la puerta sin darme cuenta ni recordar nada después, en cumplimiento a las instrucciones infames del inmoral Luis Roque.

La última vez que vi y platiqué en mis cinco sentidos con Luis Roque, antes de esta irrupción que realizó a mi domicilio, fue en la terminal de autobuses del centro de Mexicali, el día 23 de diciembre de 2008.

Así comprobé una vez más que el relevo múltiple de caracterización, modalidad de los espías fascistas cuando utilizan dobles y sambenitos a fin de evitar traiciones y tener coartada, también es falible, tanto como una espada de dos filos que las víctimas pueden utilizar a su favor para perturbar a los delincuentes gubernamentales y descubrir la trama.

Hasta la próxima, amigos.

El recurso popular de la candidatura independiente
9 de Marzo de 2012

La Constitución Política de los Estados Unidos Mexicanos –Ley Suprema de México– concede al ciudadano apartidista la oportunidad de competir por puestos de elección popular por medio de la candidatura independiente.

Nuestra Carta Magna menciona en el artículo 41 que «los partidos políticos tienen como fin promover la participación del pueblo en la vida democrática», así como posibilitar que los ciudadanos tengan la opción de ejercer el poder público accediendo a él mediante el sufragio universal en puridad y de manera directa; sin embargo, esto no impide que el ciudadano apartidista ejerza el derecho a ser votado, pues el artículo 35 estipula como prerrogativa del ciudadano: Poder ser votado para todos los cargos de elección popular.

Únicamente el Código Federal de Instituciones y Procedimientos Electorales (COFIPE), ley que debiera fomentar la democracia, es la que en realidad favorece a los grupos fácticos ya que fue adulterada desde su origen, específicamente por la incoherencia del artículo 218, inconstitucional y mal hecho; controversial, porque expresa que solamente los partidos políticos nacionales pueden registrar candidatos a puestos de elección popular.

La anterior tesis la enunció el politólogo doctor José Antonio Crespo en uno de sus artículos periodísticos.

Así, utilizando este señalamiento antidemocrático, la élite gobernante y los grupos fácticos de poder se arrogan el derecho ciudadano de ser votado, creando así una nueva clase de gobierno abyecta y execrable: la partidocracia, anticonstitucional y antidemocrática, alentadora de la impunidad, la corrupción, la ineptitud, la hambre y la violencia, con las cuales la ciudadanía es flagelada sin descanso.

La partidocracia viola el derecho ciudadano de acceso al poder impidiendo la consolidación de un verdadero Estado democrático que sirva al bien común; ignora que todo poder público dimana del pueblo y se instituye para beneficio de este.

Por tanto, es legítima la aspiración ciudadana que demanda pacífica y democráticamente modificar la actual forma de gobierno partidócrata, la cual está rebasada por el anarquismo que de manera inexplicable no afecta las facciones partidócratas sino las protege, pues existen casos –todavía impunes– de partidócratas que se vieron implicados en actos de concusión y peculado o de vínculos con el crimen organizado, quienes recibieron multas hilarantes o la protección necesaria para evadir a las instituciones de procuración de justicia.

De conformidad con lo anterior, considero oportuno por parte del diputado federal independiente con licencia Manuel de Jesús Clouthier Carrillo, postularse como candidato a la presidencia de la república. El IFE debe aceptar su registro.

Quienes aducen que el IFE está impedido jurídicamente para registrar a Clouthier como candidato, olvidan que el COFIPE –por inconstitucional– ha sido pisoteado por los partidócratas durante el presente proceso electoral, ya que precandidatos únicos realizaron actos anticipados de campaña; además, si el IFE desviara su vocación ciudadana y negara el registro a la candidatura independiente de Manuel de Jesús Clouthier Carrillo para competir por la presidencia de la república, estaría contraviniendo los derechos constitucionales ciudadanos, quedando el propio IFE al margen de nuestra Carta Magna, invalidándose –ahora sí de verdad– jurídicamente para llevar a cabo las elecciones del próximo 1 de julio.

Los ciudadanos independientes, aquellos que no hemos sido cooptados por la partidocracia, tenemos la obligación moral de exigir a los órganos electorales que se rijan conforme a la Constitución Política de México y permitan al pueblo el derecho soberano de elegir una forma de gobierno que garantice comunidades sanas y dignas de una mejor calidad de vida; lo cual sólo se logra en un Estado institucional y democrático.

Los necesarios tiempos extras futboleros
2 de Marzo de 2012

¡Ah! Esta intercampaña nos ha caído bien a todos –no hay estrés–, seguramente está cayendo de perlas a los dos principales candidatos partidócratas punteros, ya que están contentos porque consiguieron dejar en el corralón a la carcacha amarilla. Sobre todo porque la partidócrata azul, la respetable señora Josefina Vázquez Mota, sigue aprovechando la *estrepada* que dejaron su etapa de precandidata y los efectivos discursos de virtual candidata presidencial que realizó por su partido. Por ejemplo, en Sonora, donde –acarreos aparte– los partidócratas azules han sabido explotar muy bien esta coyuntura, incluso durante la veda electoral, gracias a la dichosa estrepada, según anunciaron por Telemax, apenas iniciada la veda, con los promocionales televisivos de la encuesta realizada por la revista Correo, donde la candidata azul se impone como la única amenaza para el partidócrata rojo Enrique Peña Nieto.

Mientras, los partidócratas amarillos están cada vez más a la zaga, y ahora lo único que podrán hacer para salvaguardar su nada despreciable tercer lugar, es dirigir el ataque contra el recién prosélito partidócrata cian Gabriel Quadri. Sobre este último punto, recuerdo muy bien las declaraciones del partidócrata Andrés Manuel López Obrador cuando –palabras más, palabras menos– manifestó que él continuaría defendiendo el triunfo electoral del año 2006, pues la mafia en el poder cometió fraude, y que para la campaña presidencial del año 2012 tendría que corresponder la candidatura a otro político, él aseveró en una entrevista que así pactó con Marcelo Ebrard; así dijo, ¡pero!, partidócrata a fin de cuentas, se aferra a la candidatura presidencial de 2012, quitándole la posibilidad a los amarillos de una verdadera opción –no tanto competitiva sino popular– para conseguir la presidencia de la república.

Lo importante a resaltar aquí es que, como en el futbol, a la final del campeonato siempre, sin excepción, sólo llegan dos contendientes. Así como no podríamos esperar a que el último partido por el campeonato lo disputen dentro de la cancha simultáneamente Tigres, América y Morelia, tampoco podríamos esperar a que en el día de la elección la definición resulte de tres candidatos presidenciales, menos si el tercero continúa rezagándose día tras día. Al contrario, la lógica indica que el ganador de la elección quedará entre el primero y segundo lugar desde ahora definidos por las encuestas y, como en una final de futbol, si el árbitro no toma las medidas preventivas correspondientes para un juego limpio, el 1 de julio electoral podría convertirse en una elección indeterminada como ocurrió en el año 2006, independientemente que en aquella ocasión fue clara la violación al sistema de cómputo del IFE, entre otras irregularidades documentadas por el Tribunal Electoral.

Obligar a los dos candidatos presidenciales finalistas para que respeten un resultado desfavorable no será fácil si la diferencia es mínima, por lo que la autoridad electoral debería estar previendo la posibilidad de una segunda vuelta para evitar un desaguisado a la ciudadanía que es la afectada por esa ambición partidócrata que no respeta el mandato ciudadano mayoritario de una elección cerrada. Por tanto, esta intercampaña también podría servir para obtener una resolución consensual ante notario público, por parte de los contendientes presidenciales, a favor de una segunda vuelta electoral en caso que la diferencia entre el primero y segundo lugar sea, verbigracia, de más o menos cinco puntos porcentuales. Total, al fin y al cabo que para esto también funciona el árbitro, para aplicar su propio criterio normativo cuando las circunstancias exijan.

La altanera

Altanera te apoda la gente, Altanera.

Altanera, es tu belleza sin igual.

No comprenden, no imaginan

que toda tu hermosura es natural.

Altanera te llama la gente, Altanera.

Altanera, por tu ritmo al caminar.

Tú contestas: Esto es nada,

todavía falta mucho más por dar.

Altanera, te envidia la gente, Altanera.

Altanera, por tu forma de actuar.

Porque la gente sólo sabe criticar,

con su actitud no se da cuenta

que tú tienes dignidad.

Altanera, te observa la gente, Altanera.

Altanera, captas toda su atención.

Sólo intentan un motivo

que les permita cautivar tu corazón.

Altanera te dice la gente, Altanera.

Altanera, eres tan sensacional.

Me apasionas, me enamoras,

porque eres simplemente excepcional.

Altanera, te acusa la gente, Altanera.

Altanera, por preciosa y sensual.

Aunque la gente sólo habla por hablar,

con tus desdenes manifiestas

que me quieres conquistar.

Rescatemos nuestro futuro
24 de Febrero de 2012

¿Debemos los ciudadanos rescatar al IFE y al México institucional, de las manos partidócratas?

¿Cómo es posible que el IFE deba soportar en su seno a los representantes de los partidos políticos, cuando sabemos que dichos representantes únicamente salvaguardan intereses partidócratas de las distintas facciones políticas?

¿Acaso no es suficiente el control que los diputados federales de las distintas corrientes partidócratas infligen a la institución electoral con el nombramiento de los consejeros que, en algunos casos, son a modo de la partidocracia?

¿Los ciudadanos permaneceremos impávidos sufriendo las críticas negativas y mediáticas que la partidocracia hace del IFE, ignorando la capacidad extraordinaria de este instituto para organizar elecciones pacíficas e imparciales?

¿Permitirá la ciudadanía que los partidócratas pisoteen una vez más las normas electorales como ocurrió en el año 2006?

¿Por qué razón los partidócratas no legalizaron el voto independiente relativo a las candidaturas ciudadanas independientes, el cual es constitucional y necesario para consolidar una verdadera democracia?

Por último, ¿Entenderá algún día la partidocracia que la ciudadanía padece necesidades de alimentación, salud, educación, empleo y recreación, y que para satisfacerlas es urgente dar soluciones reales, consistentes, tangibles, y no sólo discursivas?

Cuestiono lo anterior porque los partidos políticos –avalados por la Constitución, pero convertidos en prerrogativa exclusiva de los partidócratas– jamás darán el primer paso para una reforma progresista profunda, pues ninguno de los partidos ha sido netamente ciudadano, sino que diversos grupos de poder los han creado y usufructuado sólo para beneficio de su respectiva banda política partidócrata, menospreciando la necesidad ciudadana de una real vía democrática para acceder a los puestos gubernamentales y poner orden en nuestro país, el cual, entre otras cosas, debiendo ser potencia económica mundial –por mencionar el aspecto revelador– está desarrollando un crecimiento donde la característica principal es el aumento de la pobreza, agravándose debido a que en la cima del abismo económico y financiero donde se ubica la élite gobernante, observamos una riqueza injusta y un despilfarro de los recursos del Estado, tanto por la corrupción como por la ineptitud partidócratas.

A pesar de estas inaceptables circunstancias, aun así, en el colmo del irrespeto a la inteligencia del pueblo, los partidócratas, cada quien por su lado, se autoproclaman la solución a los problemas de corrupción, ineficacia, impunidad e inseguridad que tanto perjudican a México. Empero, la realidad los contradice, porque no solamente niegan el poder de la ciudadanía, del pueblo independiente respaldado por nuestro máximo ordenamiento legal constitucional, sino que los partidócratas también hunden cada día más y más a México, auxiliándose con estos flagelos que dicen combatir, aniquilando a la clase obrero patronal honesta, honrada y trabajadora, pero necesitada de apoyos contantes y sonantes para la generación de empleos que permitan aumentar la productividad y competitividad tan apremiantes para lograr el desarrollo y crecimiento nacional en un ambiente económico, político, social y cultural sano, y no en el entorno trágico que los ciudadanos padecemos todos los días en México por culpa de los partidócratas.

La iniciativa ciudadana contra la partidocracia –mediante el voto independiente– tiene la oportunidad constitucional, en las próximas elecciones federales del 1 de julio, de rescatar al Estado mexicano del control partidocrático y sus calamidades. Rescatemos nuestro presente y futuro, vámonos poniendo de acuerdo cómo y con quiénes lograrlo. La propuesta es institucional, pacífica y concluyentemente democrática.

Desvaríos

8 de Noviembre de 2011

Primer desvarío: seudónimos.

Alejandra Cano me espera frente a la farmacia Benavides de la avenida Serdán y calle Dieciocho. La descubro en el momento en que salgo del *café* internet localizado a setenta y cinco metros de donde ella se encuentra.

Daniela –papel protagónico de Alejandra en la exitosa telenovela Cielo Colorado– luce atractiva, está toda vestida de negro: el pantalón, la blusa manga larga, las zapatillas de tacón bajo, así como el bolso que cuelga de su hombro izquierdo; todo es negro; incluso el maquillaje con el que ha atezado toda su piel desvaída también es negro; no el café característico de la piel indígena sino fuliginoso como el color mulato. Mientras me aproximo a ella, percibo que está nerviosa, inquieta, y transpira. No es para menos, el riesgo que corre al contactar conmigo es alto, una traición es imperdonable entre los espías fascistas homosexuales del servicio gubernamental.

Segundo desvarío: casos de hostigamiento.

Ahora camino para encontrarme con Alejandra, es la 1:20 p. m., del día 5 de octubre del año 2011. Mañana jueves a esta misma hora, en la

124

esquina frontal izquierda de la tienda Coppel principal, en el centro de la capital sonorense, me estarán esperando alrededor de siete personas, quienes al tenerme a pocos metros de distancia, emprenderán al unísono una marcha frente a mí hacia el interior de la tienda. Me llamará la atención una mujer esbelta de muy buenas proporciones que caminará detrás del grupo de cinco personas, las otras dos restantes detendrán su marcha para observarme; la cual vestirá blusa negra y pantalón de mezclilla azul deslavado, tan entallado al cuerpo que, imaginaré, tal vez no es pantalón lo que trae puesto sino un tatuaje simulando un pantalón de mezclilla azul deslavado con una imperceptible rotura a la altura media central del glúteo izquierdo. Nunca en la vida yo hubiere visto algo así de espectacular de no haber sido porque sucederá mañana, será insólito.

Dentro de la tienda Coppel estará esperándome la señora Rely Shown, conductora de televisión, recubierta su piel clara con color sepia característico, jamás veré ese color de piel en otra persona a menos que la atecen con el mismo maquillaje. Acto continuo, la señora Rely dirá para sus adentros mientras la observo: "¡Ay nanita, ya me descubrió!". No obstante, se sobrepondrá de inmediato auxiliándose con la actitud retadora que asume en el show morboso de Tv Esteka. Esta no será la única anécdota que yo podría tener mañana en la capital sonorense del Pitic; sin embargo, evadiré el resto del asedio.

Resulta inverosímil que en un país de leyes como nuestra Nueva España las mafias agravien en absoluta impunidad a la sociedad. En este caso, la mafia televisiva se vale de un chantaje para violar la Constitución y leyes novohispanas. Lo único que necesita es un pretexto para cometer sus crímenes de hostigamiento, extorsión, difamación, discriminación y chantaje. El primer paso es ofrecer ayuda a la supuesta víctima prometiéndole que resolverán su problema si envía la historia al correo electrónico impunidad@ tv esteka .com .ne. Con esta medida –la historia de la supuesta víctima que ellos convierten en denuncia– pretenden inmunizarse contra cualquier demanda que la parte agraviada pudiere formular. Lo peor del caso es que ninguna autoridad legalmente constituida, como podría ser el Ministerio del Interior, el Congreso de la Unión, o ya de perdida algún fiscal, obliga a esa mafia televisiva a respetar el orden constitucional de derecho que debe regir en nuestro país.

Último desvarío: homónimos.

—Buenas tardes, caballero, ¿es usted Gustavo Marsanto?

¡Sabe mi nombre! ¡Lo puedo creer! –pienso, afectado por la emoción.

Alejandra me esperaba, tal como presentí en el momento anterior, cuando salí del *café* internet y la reconocí.

Ahora conversamos mientras caminamos juntos por la avenida más famosa de Heroica Guaymas. No presto atención ni observo a los demás transeúntes como siempre hago, pues ella capta todo mi interés; su voz cálida continúa maravillándome con información que yo consideraba exclusiva de la Interpol y otras agencias secretas novohispanas, privadas y gubernativas; todas costeadas por el erario, dicho sea de paso.

—La hipótesis que realizaste sobre el atentado a Garcilaso Talamante es precisa –continúa Alejandra. Analizamos la secuencia de hechos, más la información que teníamos, y desde el primer instante supimos que el ejecutor del asesinato es Ebrión «Groserito» Fragille Gievón, el comentarista deportivo del noticiario *Matontino* Estrés, de Loco Tv; y digo *matontino* porque dejó varios rastros mediante los cuales armamos teorías puntuales que lo acusan directamente.

—Aunque fue un crimen de los denominados "matutino exprés" por el modo sencillo de operar —esto es, el sicario aborda por la mañana a la víctima que se dirige al trabajo, dispara y se retira en aparente calma— hubo varios testigos presenciales que Groserito ignoró, los cuales nos proporcionaron datos valiosos como el retrato hablado de Groserito.

—Desafortunadamente, la orden de detener la investigación y de sembrar evidencias falsas para ocultar los hechos fue tajante. No hemos podido hacer nada más para contrarrestar la impunidad de los asesinos. Esto, tocante al caso de Groserito, pero, lamentablemente, hay más daños colaterales por los delitos de espionaje, más otros agravios, que bien sabes han cometido en tu perjuicio agencias especializadas gubernamentales como la Interpol y la Fiscalía Nacional.

—No me digas –interpuse–, ¿acaso la muerte de Alberto «El Kini» García también se debe a que trató de denunciarlos?

—¡Acertaste! –respondió Alejandra. Cuando El Kini se enteró que el jefe Nava durante los operativos utilizaba a niños de una red de prostitución y explotación sexual infantil, se indignó y lo enfrentó. En aquella ocasión ambos altercaron y El Kini denunció los atropellos y abusos nefandos que el jefe Sergio Israel Corona Nava-Bracamontes cometía contra los niños.

—Como puedes imaginar –enfatiza Alejandra–, la denuncia nunca prosperó; al contrario, pocos días después de la violenta discusión entre El Kini y el jefe Nava ocurrió el fatal accidente aéreo que costó la vida de El Kini y del oficial copiloto que lo acompañaba. Con relación a este crimen, sabemos que adulteraron las bebidas y alimentos que El Kini ingirió; de tal manera que cuando El Kini abordó el avión estaba perturbado, fuera de sí, iba enajenado, inducido a estado severo de angustia y miedo que —aunado a las amenazas que recibió respecto a su familia— lo empujaron al suicidio.

Alejandra aparentó estar en calma durante el trayecto, pero no pudo controlar su nerviosismo, y por estarse quitando el sudor que deslizaba por la punta de su nariz provocándole comezón, removió esa parte del maquillaje, dándole por resultado una discromía con forma de bello lunar blanco, parecía vitíligo. Ella no se dio cuenta del lunar. Por fortuna, su misión había concluido de la mejor manera y tendría oportunidad de colorearse una vez más. No exagero, esto sucedió así y relato con estricto apego a la realidad.

—Esto que he dicho es todo lo que tengo para ti. Espero puedas utilizar mi confesión para tu provecho; sin embargo, si tú no actúas nosotros tampoco podremos hacerlo. Por cierto, Lambderto Dámaso García —el buen hijo Lambda— te envía un fraternal saludo. Hasta luego –remató Alejandra.

Finalmente, la actriz Alejandra Cano desapareció entre la multitud que concurría en la avenida Serdán y calle Diez de la ciudad y puerto turístico de altura Heroica Guaymas de Zaragoza, Sonora.

Garcilaso Talamante
25 de Noviembre de 2010

Garcilaso trabajaba en el Ministerio del Mar-Armada de Nueva España a mediados de 2006, año en que fue asesinado en el estacionamiento de la unidad habitacional donde tenía el domicilio. Lo asesinaron por motivos aparentemente pasionales según me informaron algunos oficiales de la Armada que mantenían relación de trabajo con él.

La trágica noticia sobre la muerte de mi amigo Garcilaso la recibí en febrero del año 2007, en el edificio que ocupa la comandancia de la zona naval del puerto de Veracruz, adonde llegué para solicitar refugio debido a que el 4 de febrero del mismo año huí de mi casa en Mexicali, Baja California, esto, porque delincuentes intentaron secuestrarme.

Tengo entendido que la única sospecha sobre el autor intelectual del crimen que mató el cuerpo de Garcilaso Talamante (su alma y memoria permanecen vivas. San Mateo 10:28 versa: No temáis a los que matan el cuerpo, mas el alma no pueden matar) recae en un oficial de la Armada cuyo nombre es Peter «El Diablo» Balanitis. Peter tiene el apodo de El Diablo no por cuestiones maléficas sino por la forma simpática de las cejas que tiene, con picos arriba.

129

Conozco bien a Peter y lo considero persona noble que no urdiría la maldad del asesino, menos por un lío de faldas, porque si de algo adolece Peter Balanitis –de manera literal– es precisamente el apego a las faldas y tiene el criterio muy abierto en este sentido.

El asunto es que a pesar de haber transcurrido más de cuatro años de aquel trágico atentado; en los cuales las autoridades navales han utilizado para las investigaciones todos los recursos disponibles a efecto de descubrir y atrapar al asesino; todavía no han logrado tal resultado, y mientras no tengan otra línea de investigación aparte de la presunta pasional, el caso quedará sin resolverse y no podrán hacer justicia a la memoria de mi amigo Garcilaso Talamante.

La nueva teoría que ahora pongo sobre la mesa, una especulación, consiste en que el móvil criminal está dentro de la esfera laboral en la cual Garcilaso se desempeñaba en el Ministerio del Mar, sobre todo la relacionada con actividades de inteligencia. Lo endeble de esta teoría es que ignoro si Garcilaso estaba comisionado en alguna unidad de espionaje del Minmar o del Ministerio Interior, y tampoco tengo conocimiento si como parte de sus tareas realizaba investigaciones en la ciudad de Mexicali, lugar donde yo radicaba en aquella fecha del atentado, ya que de haberse dado estas dos circunstancias –que Garcilaso hubiese estado en la unidad de inteligencia realizando actividades en Mexicali–, yo aseguraría que Garcilaso descubrió los crímenes de espionaje y simulación que personal perteneciente a la sección de inteligencia del Minmar comete en mi agravio, y Garcilaso, quien fue afectuoso conmigo durante la mayor parte de nuestra estancia en la universidad naval, excepto el último año en el cual fui objeto de calumnias, denunció o intentó denunciar a la célula de los homosexuales heterofóbicos que están comisionados en dicha sección de inteligencia del Minmar, y por tal motivo lo asesinaron.

El hecho que todos en el Minmar crean que el origen del asesinato es pasional y no se haya comprobado dicha hipótesis aun con todos los recursos que se tienen a la mano para tal fin, podría significar que los verdaderos asesinos aprovecharon esa pista apócrifa del crimen pasional para eliminar otras líneas de investigación, y fue así como lograron zafarse de la amenaza que representaba para ellos ser indiciados.

Especulación, teoría o hipótesis, la cuestión es que deberíamos analizar otras posibilidades, no sólo la aparente.

El plagiario
13 de Agosto de 2010

Plagiario sinvergüenza,

cínico delincuente,

patentizas vileza,

robas al inocente.

Eso está nada bien,

tu actuar es incorrecto;

te das tiro en la sien,

insultas tu intelecto.

Camino sin retorno

el del hombre malvado,

irá solo al averno

sin el arte plagiado.

(Coro)

Hombre de verdad,

¿dónde se hallará?,

cuya integridad

lo libertará.

Hombre de verdad,

¿quién lo encontrará?,

su fidelidad

prevalecerá.

Valores y principios

dan vida a nuestras almas,

pero la ausencia de ellos

las lanzan a las llamas.

Tus ansias por triunfar

inhiben tus valores.

¡Paciencia!, hay que aguardar,

olvida tus temores.

La mejor sinfonía es

la escala de valores;

hazla tu melodía,

y vístete de honores.

(Coro)

Te anuncias liberal

y gozas buena fama.

Al Padre Celestial,

no considera tu alma.

¿Genera tu conciencia

el acto de atrición?

Descubrir la falacia,

te mueva a contrición.

Entonces estarás

honrando la justicia,

también alejarás

de ti la cruel malicia.

(Coro)

El Señor **Jesús** de Nazaret

es el paradigma eterno

de la hombría;

el Hombre de Verdad;

el ejemplo a seguir.

«Muchos hombres proclaman cada uno su propia bondad, pero hombre de verdad, ¿quién lo hallará?» Proverbios.

La propaganda negra
23 de Julio de 2010

Cuando personas comisionadas en el servicio de inteligencia de las fuerzas armadas o policiales, como policías investigadores que andan tras la pista de presunto delincuente, y que, por falta de elementos probatorios para presentarlo ante el ministerio público, acuden a la ciudadanía perteneciente al ámbito social del presunto maleante, alarmándola sobre los supuestos delitos del investigado con el fin de conminarla para obtener su colaboración y así obtener 'pruebas' – pretextos– para atraparlo; lo más probable es que este presunto culpable sea víctima inocente de estos rufianes que dicen realizar una investigación oficial contra la delincuencia.

Este tipo de investigadores utiliza lo que llaman en círculos de espionaje "propaganda negra", la cual no es otra cosa que ignominiosa calumnia para lograr la colaboración ciudadana. ¿Cuántos inocentes han sido o están siendo injustamente agraviados, o incluso sufrido muerte, por culpa de estos criminales que actúan impunes al pervertir con sus mentiras la inmunidad del servicio público gubernamental?

Sin embargo, tal situación se presenta por falta de conocimiento jurídico por parte de la ciudadanía, pues si esta actuara dentro del marco legal que nos rige, ignoraría las alarmas ilegales. Así es, aquel ciudadano que reciba esta serie de avisos sobre algún presunto malhechor debiera saber que si bien no debe obstaculizar las labores investigativas de las autoridades competentes, tampoco tiene obligación de realizar acciones que lleven al presunto inculpado a estado de indefensión, sobre todo si nos fundamentamos en el simple dicho de las autoridades que bien sabemos operan asociadas al crimen organizado, y más que trabajar a favor del Estado constitucional de derecho, lo que hacen es cuidar sus aviesos intereses.

¿Cuál es la obligación del ciudadano si recibe aviso de alerta sobre supuesto delincuente, y cómo debe conducirse en caso que la autoridad lo conmine a participar en alguna acción investigadora para capturar al presunto culpable?

En el actual estado de criminalidad por el que atraviesa nuestra sociedad debido a la falta de compromiso e ineptitud de las autoridades encargadas de la impartición de justicia, la primera sugerencia sería que los ciudadanos se deslindaran de todo compromiso que implique colaborar con elementos investigadores, pues no sabemos si de verdad están efectuando labores de investigación sustentadas en la legalidad o están actuando bajo difamación y calumnia para hacer daño a su víctima. Esto se logra con la denuncia respectiva ante el ministerio público del fuero común más cercano al domicilio donde ocurran los hechos.

Efectivamente, cuando se presente al ciudadano esta circunstancia y desee evitar una injusticia, debe acudir ante el ministerio público con objeto de denunciar a los policías investigadores que pudiesen haber cometido el delito de difamación y calumnias.

Con la denuncia, el agente del ministerio público está en obligación de llamar a cuentas a los policías investigadores y al sospechoso; y si existiesen los elementos de prueba necesarios, ya sea que se compruebe la culpabilidad del indiciado o se descubre que los investigadores actuaron de manera ilegal utilizando propaganda negra, el agraviado tiene oportunidad de defenderse o de actuar jurídicamente contra los policías corruptos.

De esta forma, si con base en las investigaciones el ministerio público encuentra pruebas contundentes que justifiquen procesar al implicado, ejercerá las diligencias correspondientes sin violentar garantías individuales.

El colapso de la evolución
16 de Julio de 2010

«El Colapso de la evolución» es el título del libro que con argumentos científicos hace inobjetable la hipótesis sobre el diseño inteligente del universo.

La teoría de la evolución de las especies es tratada en este libro como una fabulación, y al igual que la generación espontánea ha sido refutada de forma categórica por la evidencia científica.

No es un libro filosófico, es un libro científico, pues alude a distintas ramas de la ciencia, las cuales establecen infinitamente improbable que el planeta Tierra haya sido producto de la casualidad; por tanto, la existencia humana –tu existencia, mi existencia, nuestra existencia– en realidad tiene propósito bien definido.

Este libro comprueba que el razonamiento evolucionista es un pensamiento circular sustentado en una creencia filosófica la cual nada tiene qué ver con las leyes del universo.

Leer El colapso de la evolución es imprescindible para aquellas personas que desean reafirmarse en sus convicciones teológicas y por consiguiente en sus principios éticos y morales, ya que es escudo contra la literatura pseudocientífica evolucionista.

Además de este libro existe gran variedad de literatura creacionista, pero ninguno con la calidad de El colapso de la evolución, obra científica que convierte en cenizas cualquier intento de la filosofía naturalista de socavar el fundamento de una vida indestructible basada en los valores y principios cristianos. Precisamente por esto recomiendo de la manera más amplia su lectura. El colapso de la evolución está escrito por Scott M. Huse y lo edita Chick Publications.

La misión de la UAIFA
13 de Junio de 2010

Soy inspector de la aduana nacional,

la misión realizo con honor;

respeto el código institucional,

la ley me rige, es mi gran valor.

En la aduana, puerta mexicana,

de la ley, cumplo las ordenanzas;

orgulloso, porque a las confianzas

de mi pueblo sé corresponder.

Inspector en la Unidad de Apoyo

de la Inspección Fiscal y Aduanera,

es la encomienda que se estableciera

para las fronteras resguardar.

La misión que tengo encomendada

es cuidar el interés fiscal;

y así México ¡nación amada!

fortalezca el bien patrimonial.

Siervo fiel de mi querida patria,

cumplir sé la comisión honrosa,

porque siempre, a la bandera hermosa,

glorifico ejerciendo el deber.

La inteligencia con la integridad,

la honestidad con el sacrificio,

el resultado es un buen servicio,

mismo que Dios me demandará.

El fundamento constitucional

es la base del buen proceder

para efectuar la revista aduanal

y la función correcta ejercer.

En mi uniforme digna engalana

la bandera ¡el emblema nacional!

Es anhelo del alma misional

este honor poder corresponder.

Viva la familia mexicana
que contribuye al interés fiscal,
sea bendita y se aumente su caudal.
Dios dale paz ¡tu gloria eternal!

Servir a la patria mexicana
es el honor que mi alma goza,
consagrada a servir en la aduana,
es la misión que la alboroza.

A la patria querida declaro:
¡México! Mi honor, pertenecerte;
si la vida doy por defenderte,
cuánto más ¡sacrificio! ¡honradez!

Lealtad y honestidad en mi labor
es la promesa de mi corazón.
Todos los días trabajo con tesón,
es mi alegría, tal es mi razón.

Es la Inspección Fiscal y Aduanera,

Unidad de Apoyo y gran valor;

inteligente, leal y sincera.

¡Sacrificio, honestidad y honor!

Richard Dawkins: ¿Ciencia o filosofía?
8 de Junio de 2010

Lamentable es que el biólogo Richard Dawkins no utilice éticamente la biología para explicar su ateísmo basado en el falso axioma evolutivo de las especies. De hecho, no puede emplear la biología para fundamentar su postura filosófica respecto a Dios gracias a que esta ciencia contradice la creencia evolutiva; por tal motivo, Richard Dawkins –biólogo– se volvió filósofo.

El periodista Bill O'Reilly preguntó a Dawkins si el libro La desilusión de Dios/El espejismo de Dios (*The God delusion*) era científico o filosófico; por lo que a pregunta directa, respuesta expresa: "Filosófico", contestó Richard Dawkins.

El domo hebreo
12 de Mayo de 2010

Preocupado por el derrame de petróleo en aguas profundas del Golfo de México, hace días imaginé un domo para reparar la tubería dañada. Albert Einstein decía que en tiempo de crisis la imaginación es más importante que el conocimiento, por lo que no me detuvo el olvido de la álgebra vectorial y la teoría del buque, materias que en su momento acredité en la escuela, ni tampoco fue impedimento mi ignorancia sobre los datos técnicos que manejan los ingenieros de la British Petroleum (BP). La imaginación es mejor que el conocimiento, ¿no?

Cuál fue mi sorpresa, que al día siguiente en el noticiario televisivo de Lolita Ayala publicaron un domo muy parecido al que yo había diseñado mediante ingeniería imaginativa, cuyo esbozo titulé El domo hebreo, en honor a la Epístola a los hebreos, cuyo tema central es la fe, pues el invento es más por fe que por conocimientos científicos y técnicos, situación que –dicho sea de paso– no avergüenza. Posteriormente, Lolita Ayala anunció que desafortunadamente el domo utilizado por la British Petroleum no funcionó. Últimamente los ingenieros anunciaron que piensan taponar la tubería con basura ecológica o algo así para contrarrestar el desastre. Ahora dicen que utilizaran cabello humano y pantimedias para limpiar el mar. Parece absurdo.

Debido a lo anterior, el día de ayer envié a BP México, vía correo electrónico, el bosquejo del domo hebreo que imaginé; como ya mencioné, sin medidas ni pesos, pues aunque soy ingeniero en ciencias navales me dediqué al servicio público en aduanas. El año pasado realicé el curso básico de seguridad en plataformas y solicité empleo en una plataforma petrolera en México para retomar mi carrera de ingeniería, pero no he podido conseguir dicho empleo por falta de experiencia. Tenía esperanza de contestar alguna de las promociones de trabajo de empresas petroleras instaladas en Estados Unidos, esto, cuando renovara mi visa estadunidense, mas ahora con la ley SB1070 de Arizona que están copiando en otros estados de la Unión Americana, será difícil participar para conseguir una plaza en plataforma, pues tengo la piel melanoide y no me gustaría toparme con algún 'Joe Arpaio' émulo de Hitler.

Sobre el domo hebreo, este tiene la característica que sus fuerzas de tensión y torque serían mínimas, cualidad que hizo falta al domo utilizado por la BP. La profundidad del fondo oceánico donde está la avería en la que se trabaja, según estoy enterado, es poco más de mil quinientos metros. El peso del domo de la BP es de diez toneladas, más el kilómetro y medio de cable para sostener dicho domo, estaríamos hablando de veinte toneladas de peso, mismas que producen una fuerza de torque imposible de vencer por los buzo-robots. Se necesita un súper remolcador submarino para poder maniobrar y dirigir el domo al lugar deseado; en su defecto, habría que eliminar la fuerza de tensión mediante la anulación de fuerzas en el eje vertical utilizando tanques vacíos en el domo, tanques con aire a presión igual a una atmósfera –nivel del mar– para que el domo flote como si fuese un submarino y los buzo-robots logren controlarlo y dirigirlo fácilmente a su posición, y una vez ubicado, inundar los tanques para que la fuerza de gravedad realice el trabajo de controlar la fuga por medio del mecanismo de la campana del domo.

147

La segunda parte de este bosquejo está enfocado a la descripción de la campana, parte inferior del domo hebreo, que es la área utilizada para capturar el segmento accidentado del ducto, con el fin de interrumpir el derrame de petróleo.

La tapa frontal de la campana es una placa maleable y flexible, la cual adquiriría la forma del ducto en caso que este no embonase en forma perfecta en la hembra, hecha para el asentamiento longitudinal, preciso, del ducto en dicho frente de la campana. Esta tapa frontal es una placa delgada la cual cuenta con canaletas verticales que facilitan el corte de la placa cuando se somete al empuje producido por la superficie del ducto, cuyo efecto de corte es muy parecido al realizado si abriésemos una lata de atún con nuestra mano; la lata viene precortada de fábrica, igualmente precortada está la tapa frontal de la campana.

De cualquier forma, empleando o no la placa especial con canaletas verticales, de menor dureza y mayor maleabilidad que el ducto, el diseño del domo con tanques al vacío permite una excelente maniobrabilidad, pues los esfuerzos para dirigir el domo a la ubicación deseada se reducen significativamente, y esto permite la máxima precisión de movimientos submarinos.

Así mismo, la abertura o hembra de la placa para asentar el ducto está recubierta en el borde por un cojinete, ya sea de asbesto o *kevlar*, para amortiguar la fuerza de choque y hermetizar las superficies en contacto.

La placa frontal con canaletas –placa precortada– está contemplada en el esfuerzo de diseño, esto, para brindar la certeza que esa parte del ducto no saldría afectada en caso de producirse algún movimiento brusco contra el frente de la campana.

Posteriormente, hacia el interior de la campana, detrás de la placa frontal, adyacente a esta, está colocado un cojinete de asbesto, o bien, un cojinete con forro exterior de *kevlar* relleno de asbesto, el cual tiene la función de envolver el ducto transversalmente, de la parte superior o techo de la campana al piso arenoso del fondo marino, con la finalidad de cubrir las aberturas inferiores de la hembra en la placa frontal, así como cubrir el resto de la superficie interior del frente de la campana para generar hermetismo. El ancho del cojinete sellador tiene la misma medida del diámetro del ducto.

El cojinete sellador consta de una sola pieza compuesta por una holgada barra transversal de la que cuelgan dos brazos que forman la horquilla, la cual rodea al ducto. El esqueleto del cojinete consiste en láminas o placas delgadas, cables de acero y resortes. Dos de los cables corren transversales de manera holgada de lado a lado por encima de la parte superior del ducto y forman la barra transversal, y cuatro resortes más –dos en cada brazo–, los cuales cuelgan de la holgada barra transversal y que al tensionarse por el descenso del domo, concomitante con el empuje de abajo arriba del ducto contra la barra superior holgada –barra transversal–, provocan que el cojinete abrace fuertemente al ducto para generar hermetismo en el interior de la campana, desde el techo de la misma al fondo marino donde reposa el ducto y la estructura del domo.

El interior del cojinete sellador también lleva dos láminas de acero o placas delgadas muy flexibles, una en cada brazo, que conforman la horquilla, esto, para brindar mayor firmeza a la manufactura. El cojinete sellador está afirmado al interior de la campana únicamente por sus lados, derecho e izquierdo, con placas y pernos fijos.

Después del cojinete sellador se encuentra el dispositivo para estrujar el ducto y sellar la campana. La función de este dispositivo es similar a la del cojinete sellador; pero no sólo cumple la función de hermetizar la campana, también destroza una parte del ducto. La parte posterior de la campana cuenta con una cuchilla para cortar el ducto en su parte accidentada; asimismo, las placas levadizas de acero que hacen de piso a la campana, las cuales están adyacentes a la cuchilla pero en el interior de la campana, cuentan con un borde o pestaña para hermetizar el interior y confinar el flujo de petróleo. Los cables de *kevlar* sirven para estrujar el ducto dañado; también pueden utilizarse cuchillas soldadas al fondo de los tanques, que es el techo de la campana.

Con este mecanismo se podrá controlar la dirección del flujo una vez confinado en el interior de la campana. Es importante tomar en cuenta la compensación de los pesos en la estructura del domo para mantener su estabilidad y pueda fondearse en el lugar preciso.

El bosquejo descriptivo de la campana está en la página siguiente.

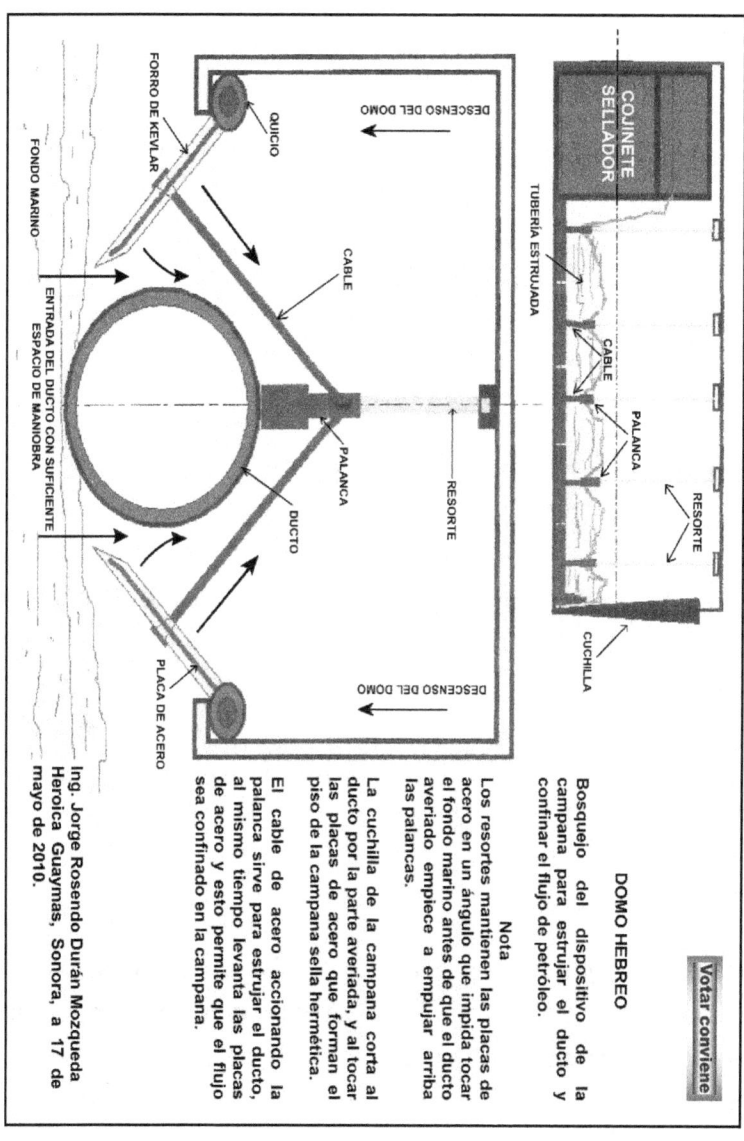

Votar conviene

DOMO HEBREO

Bosquejo del dispositivo de la campana para estrujar el ducto y confinar el flujo de petróleo.

Nota

Los resortes mantienen las placas de acero en un ángulo que impida tocar el fondo marino antes de que el ducto averiado empiece a empujar arriba las palancas.

La cuchilla de la campana corta al ducto por la parte averiada, y al tocar las placas de acero que forman el piso de la campana sella herméticamente.

El cable de acero accionando la palanca sirve para estrujar el ducto, al mismo tiempo levanta las placas de acero y esto permite que el flujo sea confinado en la campana.

Ing. Jorge Rosendo Durán Mozqueda Heroica Guaymas, Sonora, a 17 de mayo de 2010.

Paranoia versus realidad
9 de Mayo de 2010

Mexicali, Baja California, diciembre de 2001. Mi novia y yo decidimos ir a un restaurante ubicado en conocido centro comercial de la ciudad. Cuando llegamos al estacionamiento del restaurante, mi novia manifestó que prefería permanecer conmigo en el automóvil porque necesitaba conversar sobre algunos temas importantes, así que permanecimos platicando en el interior del vehículo, abrazados, y obsequiándonos besos y caricias románticas. En esto estábamos cuando, frente a nosotros, más o menos a cinco metros de distancia, se estacionó otro vehículo en cuyo interior viajaba una pareja de apariencia normal, hombre y mujer.

Aunque ya anochecía, gracias a los faroles encendidos del estacionamiento podíamos ver claramente. No di importancia a la llegada del otro automóvil sino pasados entre cinco y diez minutos cuando volteé hacia el frente y descubrí que la pareja mencionada estaba estupefacta, impávida, observándonos a mi novia y a mí que platicábamos abrazados dilectamente. No estábamos siendo groseros en nuestra conducta de pareja; estábamos, como ya mencioné, platicando abrazados, y nos besábamos de manera dilecta y esporádica durante la conversación, sin ser vulgares.

En tal virtud, la otra pareja que inmutable nos observaba no podía decir que en aquel momento mi novia y yo manteníamos relaciones orgásmicas o pornográficas, ni mucho menos, en el interior del vehículo, por lo cual no tenía motivo para observarnos de esa forma.

Cuando noté que aquella pareja no nos quitaba la vista de encima a mi novia y a mí, decidí observarlos abierta y directamente, así como ellos nos observaban a nosotros. En el instante, la mujer se percató que yo los había descubierto espiándonos, y de manera nerviosa, incluso violenta, volteó intempestiva hacia su compañero aprisionándolo del cuello con un abrazo tan brusco que el sujeto trató de esquivar alejándose de la mujer, replegándose a la ventanilla del carro, dejando claro que el abrazo lo había sorprendido y asustado; pero la mujer algo dijo y el acompañante accedió a corresponder el abrazo junto con un beso superficial en los labios.

Acto seguido, ambos bajaron del vehículo y se dirigieron al restaurante. En mi vehículo, mi novia y yo continuamos platicando por unos minutos más, y nos retiramos del centro comercial.

Situaciones similares a esta que hoy revelo experimenté con diferentes señoritas amigas mías en Sonoyta, Sonora; Reynosa, y Matamoros, Tamaulipas; y Tijuana, Baja California; respectivamente. Sin embargo, la experiencia que viví en aquel estacionamiento fue tan obvia que los espías se evidenciaron sin dar lugar a dudas.

Diversas denuncias he realizado en otras ocasiones contra los sujetos Lacho Falso, Pepe Lumbres, y Chuy Lumbres. Esta vez denuncio como responsable único de haber iniciado antaño la cacería de brujas en mi agravio, en el año 1988 cuando él fungía como subdirector de la Heroica Universidad Naval Militar, y de continuarla hogaño como comisario jefe de la Gendarmería Nacional, al facineroso Papín del Malo, quien a lo largo de todos estos años me ha provocado tanto o más daño que los otros criminales mencionados, y todo por cuestiones personales que él tiene contra mí.

No había decidido mencionar a Papín del Malo porque me interesaba enfrentarlo personalmente, esto, si hubiesen atrapado a los primeros criminales que denuncié, pero pareciera que esto nunca va a ocurrir y el final de esta trágica historia será el mismo final del proceso kafkiano, final que veo próximo. No obstante, mantengo esperanza en la justicia, porque la esperanza muere a lo último.

Sobre mis dichos, tengo nombres, direcciones y teléfonos de personas que están directa o indirectamente involucradas en los actos delictuosos que se han cometido en mi agravio, delitos que van desde suministro de sustancias químicas o farmacéuticas a mi cuerpo con la intención perversa de cometer contra mi persona actos abominables y violentas agresiones físicas y psicológicas, hasta propaganda negra para afectarme laboralmente, según he denunciado en el blog http:// voto independiente .blog spot .com y ante algunas autoridades institucionales que nada han hecho para liberarme.

Lo que más me indigna, mas aceptaría de buena gana si se diere la suerte, es que los criminales, en caso que fueren procesados conforme a derecho en tribunales civiles, únicamente alcanzarían, de comprobarse mis dichos, penas menores que podrían cubrirse con el pago de fianzas hilarantes, ¡estamos en Nueva España! Pero ni esto me otorgan las autoridades.

El neomacho

Cuando estás enamorada;

cuando llegas y me abrazas,

me sorprendes con tus besos

y me dices muchos te quiero.

De chivito los tamales

nunca me los vas a hacer,

porque siempre correspondo

como quiere tu querer.

Por eso me *vitamino*,

también voy a nutrición,

en el gimnasio hago ejercicio

para estar como un león.

No me pierdo los faciales,

no me olvido del jabón,

y de todos los galanes,

para ti, soy el campeón.

Y si del mandil se trata,

me lo pongo, no rejego,

no me importa lo que digan,

a mi mujer, contenta tengo.

Estado de impunidad
24 de Febrero de 2010

Un ejemplo que evidencia al Estado de Nueva España como Estado de impunidad debido al sistema fascista de algunos gobernantes, lo tengo de primera mano.

En el mes de abril de 2009, llegó a mi casa el coronel retirado Sergio Israel Corona Nava-Bracamontes para informar que el senador Manuel F. Rosa de Guadañupe sabía que la Armada de Nueva España me otorgaría una pensión, esto, si yo la solicitare conforme al motivo de mi retiro de dicha institución militar; asignación que debió autorizar la Armada de Nueva España a partir de 1994, pero que aún retienen ilegalmente, la cual no me interesa cobrar a pesar de mi precaria situación económica por la persecución que malos elementos del Ministerio del Mar realizan para perjudicarme.

Es importante mencionar que en el año 2007 solicité la ayuda del senador Manuel F. Rosa de Guadañupe porque él tenía el cargo de presidente del senado de la república, y por lo mismo la suficiente influencia para liberarme de unos delincuentes que 'trabajan' en el servicio de inteligencia de la Armada de Nueva España, pues estaban resueltos a seguir atentando contra mi vida los 'servidores públicos' Lacho Falso, Pepe Lumbres, y Chuy Lumbres.

Por otro lado, el ministro del mar Marianelo Gacho Pin, en lugar de ponerse del lado de la ley y el Estado de derecho que debiera regir en Nueva España, de manera fascista prefirió ponerse en el lado de los delincuentes de la Armada que han estado molestándome gravemente desde hace muchos años.

Supongo que el acuerdo por parte del ministro del mar Marianelo Gacho Pin y el senador Rosa de Guadañupe –a quien estoy muy agradecido por gestionarme la pensión que la ley me otorga en caso que yo la solicitare–, consistió en que personal de inteligencia de la Armada de Nueva España fue sorprendida en actos ilegales y de espionaje realizados en mi agravio, y con tal de no meter a la cárcel a los delincuentes homosexualistas del servicio de espionaje del Minmar, el ministro del mar prefirió intentar sobornarme con algo que por derecho me corresponde, pero no he solicitado, porque a pesar de mi situación económica vulnerada por estar luchando contra la propaganda negra de los espías, la justicia es más deseable que el dinero. También, porque estaba seguro que tal acuerdo no iba a detener –ni detuvo– a los militares navales delincuentes que han estado perjudicándome desde hace más de veinte años.

He interpuesto denuncias judiciales, también en organizaciones de los derechos humanos, y ante la opinión pública en este blog y no pasa nada. Ni pasará mientras algunos fascistas mantengan el control de las instituciones del Estado novohispano, Estado de impunidad debido a malos gobernantes.

En la guerra antinarco, ¿Quiénes son los malos?

14 de Julio de 2009

Primero, necesito aclarar que los malos en esta guerra antinarco no somos los ciudadanos que el 5 de julio pasado no votamos por el PAN. Es decir, en la boleta que nos proporcionó el IFE se presentaron varias alternativas partidarias; incluso los ciudadanos habríamos podido votar por candidatos no registrados o, en el peor caso de estulticia, anular intencionalmente la boleta electoral.

En conclusión, no necesariamente somos narcotraficantes o secuestradores por haber votado a favor de un partido opositor al PAN, tal como subliminal o de manera explícita nos bombardearon con los comerciales de televisión y radio para que nos apropiáramos de tal aberración.

Los malos o ineficaces tampoco son los soldados del Ejército Mexicano a pesar que el presidente de la Comisión Nacional de los Derechos Humanos (CNDH) José Luis Soberanes declare que el crimen no se combate con más balas porque los criminales tienen más y mejores armas, demostrando dicho comisionado con esa declaración evidente desconocimiento sobre las condiciones del actual equipamiento, de primer nivel, del Ejército Mexicano.

De igual forma, la sentencia de la Human Rights Watch de Estados Unidos cuando acusa una «creciente cantidad de abusos graves cometidos por los militares durante operativos contra el narcotráfico y de seguridad pública», soslaya el hecho que la criminalidad nace, crece y se reproduce cometiendo delitos de toda índole, incluso aquellos de lesa humanidad, tales como feminicidios, magnicidios, secuestros, explotación sexual infantil, trata de blancas, tráfico de órganos, tráfico ilegal de personas, terrorismo; asimismo, asesinatos, contrabando de armas, narcotráfico, drogadicción, lavado de dinero, corrupción, robo, etcétera. ¿Existe algún mexicano que no haya sido afectado por lo menos con uno de estos delitos?

Para rematar, también tenemos declaraciones antagonistas a la guerra antinarco por parte de legisladores de todos los partidos políticos y varios líderes de opinión.

Sin el Ejército es muy difícil ganar la guerra a los cárteles en México, ya que no existe una policía civil con la capacidad ofensiva de las fuerzas armadas.

Los soldados están ganando la batalla a la delincuencia, pero, de seguir con la misma estrategia, los criminales van a terminar rendidos, en la cárcel o interfectos en combate en plazo optimista de dos o tres sexenios más, cuando la cantidad de ejecutados y muertos en tiroteo se haya acrecentado enormemente; en dos años y medio de enfrentamientos hay más de doce mil muertes.

El Ejército está dando estos resultados con base en las estrategias planteadas por el gobierno federal. Sin embargo, mal haría el gobierno si disminuyere la potencia ofensiva contra los cárteles para quitarse la presión de las organizaciones de los derechos humanos.

El problema de la lentitud en la actuación del Ejército se debe a que los soldados requieren de condiciones adecuadas para que el enfrentamiento con los distintos cárteles sea eficaz, letal, que evite el desgaste propio del enfrentamiento en igualdad de condiciones o incluso en condiciones adversas para el Ejército por temor a perjudicar la vida institucional y los derechos humanos. ¿Acaso los criminales no destruyen la vida institucional y los derechos humanos cuando van a cobrar cada mes supuesta protección a los empresarios y demás ciudadanos? Porque esto ocurre en la mayoría de las entidades federativas del país: Nuevo León, Aguascalientes, Tamaulipas, Coahuila y, que me disculpe el gobernador Peña Nieto, el estado de México, por citar unos ejemplos.

Debido a que México no cuenta con una policía con la capacidad bélica y logística del Ejército que pueda anular al crimen organizado, el gobierno federal ha dispuesto que las fuerzas armadas ejerzan las funciones policiales. Sin embargo, el Ejército por su propia naturaleza está impedido a realizar con eficacia dichas actividades policíacas; además, si lograre comportarse como la mejor policía del mundo, no estaría a la altura para contrarrestar la agresividad de las organizaciones criminales que operan en México. Esta es la razón que valida el Secretario General de la OEA José Miguel Insulza cuando dice: "Hacer frente a las organizaciones de la delincuencia organizada es muy difícil sin la participación del Ejército".

Los soldados deben olvidarse de las tácticas policiales y desplegar su naturaleza bélica contra las bandas criminales que avasallan a la sociedad; no deben caer en el terreno ideológico de los asesinos que intentan justificarse ante la corrupción de algunas autoridades gubernamentales; y por necesidad, deben ignorar las críticas desfavorables emanadas de organizaciones de los derechos humanos que parecieran estar más interesadas en que el tráfico de narcóticos a Estados Unidos continúe sin problema. Asimismo, los soldados deben impedir que los asesinos impongan la agenda criminal.

En este orden de ideas, sería propio utilizar la facultad constitucional del Ejecutivo y declarar toque de queda para restringir las garantías individuales en aquellas zonas de violencia extrema como las ciudades de Morelia y Ciudad Juárez.

La diferencia entre una victoria pírrica que se consiga en veinte años y un verdadero triunfo sobre la delincuencia organizada en relativamente pocos años, estriba en que el Ejército retome las funciones bélicas propias de su ámbito y rechace de forma categórica flagelarse con funciones policiales que resultan ineficaces ante la gravedad de la situación subversiva de los cárteles que han puesto en vilo la seguridad nacional.

Los malos, entonces, son los narcotraficantes, terroristas, secuestradores, ladrones, asesinos, funcionarios corruptos, contrabandistas, proxenetas, y demás calaña por el estilo, quienes se han organizado para presentar un frente común contra la sociedad mexicana y las autoridades.

La marina nacional sodomizante
12 de Julio de 2009

Veracruz Llave, Ver., a 12 de julio de 2009.

A la respetable opinión pública:

En junio del año 2007 tuve necesidad de hospedarme en las instalaciones del Ministerio del Mar en ciudad Tenochtitlan debido a que huía de delincuentes que pretendían secuestrarme.

El mando del Minmar, gracias a que soy oficial retirado de la Armada de Nueva España, me permitió hospedarme en la barraca número tres de Tepetlapa, anexa al Centro de Espionajes Superiores Navales (Cesnav), domicilio donde estuve desde principios de junio a finales de octubre de aquel año.

Lo anterior, porque en enero del mismo año sufrí ataques peligrosos en la ciudad de Mexicali, Baja California. Dicha acometida no pasó de golpes leves en mi rostro y costillas. Me golpearon por parte de quienes urdieron el secuestro, hicieron esto a manera de embuste para deludir a mis vecinos y creyeren que todo habría derivado de un incidente menor en caso que, por mi eventual desaparición, las autoridades hubieren indagado. Estoy seguro de esto

163

porque intentaron raptarme días después del primer ataque, mas pude escapar de ellos porque yo manejaba un tractocamión quinta rueda y ellos una minivan y un sedán.

Sobre este asunto, interpuse denuncia ante la autoridad judicial de Mexicali, pero los agentes no tuvieron incentivos suficientes para realizar las investigaciones pertinentes del caso.

En cuanto me hospedé en las instalaciones del Ministerio del Mar, unas personas vestidas de civil intentaron asustarme con simulacro de ataque peligroso para que abandonara mi refugio en la barraca, sin embargo, no caí en la trampa.

También, un mes después, a finales de julio del año 2007, me percaté que personas del sexo masculino adscritas a la sección segunda del Estado Mayor General de la Armada (novohispana), vestidas de civil, intentaron atufarme con indirectas de carácter homosexual y demás alusiones veladas en el mismo sentido mediante pequeño montaje teatral en la esquina de una calle. Durante esa astracanada pude reconocer a una de aquellas personas y a otra más logré verla vestida con el uniforme de la Armada y conversar con ella, pues llegó a hospedarse en la misma barraca donde yo estaba viviendo. En mayo de 2008 a esta persona la observé vigilándome en la ciudad de Mexicali, y presumo que se evidenció para ponerme sobre aviso de peligro, como relaté en la denuncia ante la Procuraduría de los Derechos Humanos de Baja California, el día 26 de enero del año 2009.

Debido al acosamiento que personal de la sección segunda de la Armada de Nueva España realizaba para agraviarme mientras yo me hospedaba en la barraca, acoso que se intensificaba cada día, estuve obligado a solicitar la ayuda del senador de la república Manuel F. Rosa de Guadañupe. Manifesté por escrito al senador que el ministro del mar Marianelo Gacho Pin estaba de acuerdo con dicho hostigamiento para afectar mi moral y obligarme a abandonar el refugio con el objetivo de ponerme al alcance de los maleantes que pretendían quitarme la vida, aunque esto último tal vez lo ignoraba el ministro Marianelo Gacho Pin.

La llamada de auxilio que realicé al senador de la república resultó favorable porque de inmediato cesó el hostigamiento. A pesar que la señorita Eloísa, secretaria del senador, me informó por teléfono que el senador deseaba que yo lo visitara en la oficina, rechacé la invitación, pues no quería comprometerme a tener que devolver el favor ya que no podía agradecerlo políticamente como se acostumbra. Contesté a la señorita Eloísa que si el senador podía ayudarme así como solicitaba yo, bueno, y si no, ni modo.

Los delincuentes de la sección segunda del Estado Mayor General de la Armada dejaron de molestarme. Sin embargo, después de dos o tres semanas de estar en aparente calma, una noche me dispuse a dormir como cada noche, en la cama que tenía asignada. Al despertar por la mañana sentí dolor en el muslo de mi pierna izquierda, por lo que en el momento de abrir los ojos me revisé instintivamente, como si el acto de proteger mi pierna hubiese sido interrumpido con un golpe anestésico de cloroformo, y descubrí que tenía un piquete. Inicialmente supuse que el piquete había sido provocado por algún insecto en el transcurso de la noche; no obstante, este piquete que se había convertido en una pequeña equimosis en forma circular, tenía en su centro una diminuta costra como la que dejan las agujas de las jeringas, muy parecida a la que se produce cuando del brazo succionan sangre para analizar; el dolor, igualmente, era similar al que produce una inyección.

También tenía una irritación en el recto. En el momento de ir al baño a satisfacer necesidades fisiológicas, este ardor en el recto aumentó, pero pensé que algún alimento me había caído mal. Debido a que la sensación parecía un escozor por diarrea, me desconcertó cuando vi que no excreté mal. Dicho síntoma es comparable a la intoxicación que produce la salsa picante con ptomaínas, pero como no tenía diarrea ni dolor de estómago, estuve perplejo por esta situación. Además de esto, en el papel higiénico descubrí una pequeña mancha de sangre, sin embargo, hace varios años me había sucedido lo mismo y en aquella vez creí que había sido el uso de papel sanitario áspero, de mala calidad, y por ello supuse que en esta ocasión había ocurrido igual, ya que el papel sanitario que utilicé también era rasposo.

Otra hipótesis que sospeché fue que en el transcurso de la noche alguien me había anestesiado con la finalidad de sodomizarme. Esto, debido al perfil sintomático que presentaba mi cuerpo, en especial por el piquete infligido en mi pierna izquierda, parecido a una inyección; así como la irritación del recto. En este caso no tengo referencia apropiada porque el escozor que produce la diarrea conjuntamente con el alimento irritante y acedo no coincide con los síntomas que en aquella ocasión sufrí, además que no tenía diarrea ni dolor de estómago; y el ligero sangrado en el ano que descubrí al utilizar el papel sanitario. Me sorprendió y desconcertó más ver integrado al excremento una sustancia muy parecida al semen, pero endurecida como el resto de la evacuación, como si fuera de plástico por su color grisáceo, totalmente conformada a la materia fecal. Nunca había visto algo así en mi vida.

Al final decidí que si no tenía los elementos suficientes para obtener una conclusión apropiada de lo que estaba sucediendo, mejor debía aceptar que algún alimento me había caído mal, que algún insecto me había picado, y que, como en otra ocasión sucedió, el papel higiénico rugoso produjo la pequeña hemorragia en mi cuerpo; en fin, negué la realidad para mesurarme y sobrevivir. Nadie me juzgue por esto, pues el espionaje inmoral del gobierno mexicano al servicio de la colectividad sexópata que se dedica a resabiar niños de futuro promisorio, comete estos crímenes para ultrajar a hombres y mujeres heterosexuales en estado de indefensión sin importar en qué nivel socioeconómico se encuentren, a quienes previamente suministran drogas para dormir la conciencia y sustancias médicas para alterar la conducta; así provocan el daño, sin fármacos especializados estos malhechores serían nada; son espías cobardes, están endemoniados; nunca actúan de esa manera contra las personas de su misma calaña anticristiana, y cualquiera que no coincida con sus repugnantes prácticas homosexuales podría ser víctima de ellos hoy o mañana. Basta leer el capítulo uno de la Epístola a los romanos para darse cuenta que no estoy exagerando cuando me refiero a ellos en estos términos.

Por cierto, el papel sanitario –de rollo– así sea de ínfima calidad no produce heridas, y no detecta sangre a menos que la persona padezca alguna enfermedad como hemorroides, lo cual no fue mi caso en aquellos años.

De cualquier manera, si hubiera aceptado la probable violación homosexual en mi agravio, no estaba en situación favorable para exigir una investigación que llegara al descubrimiento de los hechos reales, pues los almirantes Lacho Falso, Pepe Lumbres, y Chuy Lumbres tienen, debido a su jerarquía, mucha influencia sobre el ministro Marianelo Gacho Pin. De hecho, durante el periodo que estuve refugiado en la barraca número tres de Tepetlapa, vi ocasionalmente a los tres almirantes mencionados en la área conurbada donde se ubica el edificio del Minmar.

Estoy seguro que el senador sonorense Manuel Fabio Rosa de Guadañupe –alias La Muñeca– estuvo enterado de estos acontecimientos desde el momento en que ocurrieron, porque es muy probable que su amigo íntimo de toda la vida, el coronel retirado Sergio Israel Corona Nava-Bracamontes, haya sido cómplice de estos abominables delitos, pues no habría sido la primera vez que dicho militar cobarde actuara con sevicia para lacerarme, es su característico modus operandi.

Recordé estos hechos el día en que conocí la noticia sobre violación masiva en una comunidad menonita, donde los violadores utilizaron un narcotizante en aerosol para dormir a sus víctimas, por lo que la hipótesis sobre los actos sodomitas en mi agravio se fortaleció por la credibilidad y semejanza de las dos tragedias, y por tal motivo ahora denuncio ante la respetable opinión pública estos acontecimientos.

Responsabilizo de manera directa al ministro del mar Marianelo Gacho Pin por los actos inmorales y criminales que los almirantes Lacho Falso, Pepe Lumbres, y Chuy Lumbres hayan cometido en mi agravio, pues ningún criminal subordinado habría tenido la osadía de actuar impunemente a espaldas de la máxima autoridad en la Armada de... Nueva España.

Artículo 218 *

17 de Junio de 2009

El registro de candidatos que desean contender por un puesto de elección democrática sin estar afiliados a partidos políticos es negado por el Instituto Federal Electoral, así como por el Tribunal Electoral del Poder Judicial de la Federación y la Cámara de Diputados.

Según entiendo, debido a un ordenamiento de menor jerarquía que la Constitución Política de los Estados Unidos Mexicanos, el artículo 218 del COFIPE, las candidaturas ciudadanas no pueden obtener el registro ante el IFE. Dicho artículo estipula:

«…Artículo 218

1.   Corresponde exclusivamente a los partidos políticos nacionales el derecho de solicitar el registro de candidatos a cargos de elección popular…»

Es bueno saber, de conformidad con el ordenamiento anterior, que los partidos políticos extranjeros no tienen la exclusividad de solicitar el registro de candidatos a cargos de elección popular, por lo menos aquí en México.

Lo que no está claro es ante cuál instancia se deben registrar dichos candidatos. Sabemos por costumbre y tradición que los candidatos que desean contender democráticamente por un puesto de elección popular se registran ante el IFE, pero este artículo 218 en cuestión, al que nuestros jueces y magistrados han puesto por encima de la Constitución Política de México, no lo especifica.

Si bien, el artículo 3, párrafo 1, del mismo COFIPE establece que «…La aplicación de las normas de este Código corresponde al Instituto Federal Electoral, al Tribunal Electoral del Poder Judicial de la Federación y a la Cámara de Diputados, en sus respectivos ámbitos de competencia…», en el artículo 218, debido a la importancia que esta norma representa respecto a la exclusividad partidista, era imperativo mencionar ante cuál autoridad, de las tres autoridades mencionadas en el artículo 3, procedía el registro de candidatos.

No ocurre esto con el artículo subsecuente, el 219. En este artículo 219 del COFIPE sí está debidamente señalado ante cuál autoridad los partidos políticos o las coaliciones de partidos presentan las solicitudes de registro de candidatos:

«…Artículo 219

1. De la totalidad de solicitudes de registro, tanto de las candidaturas a diputados como de senadores que presenten los partidos políticos o las coaliciones ante el Instituto Federal Electoral, deberán integrarse con al menos el cuarenta por ciento de candidatos propietarios de un mismo género, procurando llegar a la paridad…»

Así mismo, el artículo 3 en comento, párrafo 2, dice: «…La interpretación se hará conforme a los criterios gramatical, sistemático y funcional, atendiendo a lo dispuesto en el último párrafo del artículo

14 de la Constitución…» Por lo que de nuevo tenemos que el artículo 218 también carece de estas cualidades, pues descubrimos que gramaticalmente hay un párrafo incompleto que no logra comunicar en su totalidad el mensaje, sino que da por hecho que todo mundo sabe que es ante el IFE el registro de los candidatos, lo cual no sucede en el siguiente artículo 219 donde sí menciona al Instituto Federal Electoral, como ya señalé.

En cuanto a la virtud sistemática, este artículo 218 contraviene no sólo al propio COFIPE sino al sistema jurídico constitucional, pues transgrede las garantías individuales establecidas en la ley fundamental del Estado mexicano.

Por último, observamos que el citado artículo 218 es un órgano mal implantado, como que está fuera de contexto en una ley que debe exaltar y salvaguardar los valores democráticos de la sociedad mexicana.

Fragmento editado de mi escrito «Artículo 218», publicado originalmente en http:// cibergrillo .webs .com.

Luna de miel

Al escuchar tu enamorada voz,

te deseo.

Al ver tus lindos ojitos,

te beso.

Mi corazón te dice:

te amo,

con eterno sentimiento de amor

que bendice el cielo.

Mujeres como tú

sólo hay una;

para mí, tú eres

la única.

En ti, mi corazón

está seguro.

Aurora y Orión

ahora son uno.

Entusiasmado está

el universo,

la luna y las estrellas

se regocijan.

Felicidad, ternura,

pasión, dulzura;

son los destellos de amor

que nos alumbran.

Al escuchar tu voz enamorada,

al ver tus ojos de ensueño,

me acerco a ti, te deseo.

Amándonos más y más,

se cumple nuestro anhelo.

Denuncia ante la opinión pública

25 de Mayo de 2009

Veracruz Llave, Veracruz, Nueva España, a 25 de mayo de 2009.

A la respetable opinión pública:

Debido a que en Nueva España es muy difícil o imposible que se investiguen las actividades criminales que delincuentes realizan contra ciudadanos, hago pública la denuncia que interpuse el día 26 de enero del año 2009 en la Procuraduría Estatal de los Derechos Humanos de Baja California.

Lo anterior, porque hay espías gubernativos homosexualistas interesados en impedir –por medio de calumnias y difamación ante las autoridades correspondientes– que prospere la denuncia que a continuación relato. Dichos criminales pro homosexuales se encuentran en posiciones de privilegio en el servicio público del gobierno novohispano, específicamente en el Minmar, y uno de ellos tiene como objetivo particular convertirse en ministro del mar.

La presente denuncia que aquí hago pública la envié con antelación por correo electrónico el día 24 de enero del año 2009 a la dirección ministro@ minmar .gob .ne, con la finalidad de cumplir con el deber institucional. Dos días después interpuse dicha denuncia ante la Procuraduría Estatal de los Derechos Humanos mencionada, la cual transcribo a continuación:

Mexicali, Baja California, a 26 de enero de 2009.

C. Comisionado Estatal de los Derechos Humanos.

P r e s e n t e.-

Por medio de este escrito solicito a usted tenga a bien recibir y dar el seguimiento correspondiente a la presente denuncia, formulada contra los almirantes Pepe Lumbres, Chuy Lumbres, y Lacho Falso, más quien resultare responsable, debido a que utilizan personal de la Armada de Nueva España para llevar a cabo actividades criminales en mi perjuicio, consistentes en difamación y calumnias, así como otros delitos con los cuales han puesto en grave peligro mi vida en múltiples ocasiones.

En enero de 1990, hace diecinueve años, cuando yo estudiaba el último año de la carrera de ingeniero naval en la Heroica Universidad Naval Militar, sita en Antón Lizardo, Veracruz, oficiales instructores, así como compañeros cadetes, empezaron a molestarme con actitudes hostiles en el sentido y con la intención de poner en tela de juicio mi integridad de varón.

Al principio, a este hostigamiento de bromas pesadas no di menor importancia, pues tampoco me sentía ofendido o aludido de ninguna manera.

Descubrí el verdadero origen de tales agresiones al término de un día de franquicia porque uno de los oficiales se mostró irrespetuoso, refiriéndose a una mochila color negro con franjas guindas que yo portaba.

De manera por demás abusiva e insultante, muy disgustado, el oficial me preguntó: "¿Cómo te va con esa *mochilita* [sic], te confunden en la calle?".

Sorprendido por el insulto, contesté al oficial con la misma actitud de irrespeto, ironía e indignación, y espeté: "¡A mí no me confunden, pero a usted, supongo, sí lo confundirían si usara esta mochila!".

Después de esa abierta agresión a mi persona por parte del oficial, recordé una revelación del entonces cadete Pepe Chuy Lumbres, hijo del almirante Pepe Lumbres, sobre la expulsión de un cadete de la universidad naval al haberlo descubierto realizando *fellatio* a otro compañero cadete mientras este dormía. Tales acontecimientos ocurrieron mientras estuve realizando el viaje de prácticas Eurocaribe'89, a bordo del buque escuela Velero Hernán Cortés.

El entonces cadete Pepe Chuy Lumbres, después que hube regresado del viaje de prácticas, me platicó a detalle sobre el proceso de expulsión del mencionado cadete inmoral, a quien para efecto de esta denuncia lo llamaré «Triple Equis» con el fin de proteger su identidad, pues en la actualidad tiene esposa e hijos, aunque el anonimato de poco ayuda porque este deshonroso caso es de sobra conocido entre los cadetes de aquella generación, hoy en día oficiales y capitanes en la Armada de… Nueva España.

Según me informó Pepe Chuy Lumbres, Triple Equis utilizó durante la defensa de su proceso de expulsión una calumnia contra el propio Pepe Chuy Lumbres y mi persona, y la cual consistía en que yo había abusado sexualmente del cadete Pepe Chuy Lumbres cuando este era cadete novel. ¿Por qué razón no informó a la superioridad cuando supuestamente se percató de este hecho inexistente? Y que yo, según el dicho infame, era el culpable de los *fellatios*, no sólo al cadete Augusto Lorca, quien lo denunció, sino a otros compañeros cadetes.

Así mismo, Pepe Chuy Lumbres manifestó que durante el consejo de honor para expulsar a Triple Equis, personal de oficiales y capitanes que integraban dicho consejo le preguntaron si era verdad que él había tenido algún encuentro de carácter sexual conmigo, respondiendo Pepe Chuy Lumbres que en ningún momento había ocurrido tal cosa como una relación homosexual, y que tampoco hubo alguna indirecta por parte mía en este sentido; dicho que respalda la realidad, pues mi relación con el entonces cadete Pepe Chuy Lumbres fue siempre respetuosa en todos los sentidos, basada en un compañerismo ético y moral.

De igual forma, afuera del edificio donde se estaba desarrollando el juicio de honor a Triple Equis, había una fila que, en palabras de Pepe Chuy Lumbres, parecía cola para comprar tortillas, y la conformaban todos los cadetes que habrían sido, en su caso, ultrajados por Triple Equis mientras dormían, a quienes se solicitó sirvieran de testigos.

Sobre este particular, también yo habría testimoniado en el juicio de expulsión a Triple Equis si no hubiera estado efectuando el viaje de prácticas Eurocaribe'89, pues, aunque nunca me preguntaron nada respecto a este espinoso asunto, yo fui víctima de *fellatio* mientras estaba profundamente dormido debido al cansancio producido por las actividades diarias propias de todo estudiante internado en plantel militar, ya que dichas actividades exigen esfuerzo máximo tanto físico como mental para desarrollar al mejor nivel las cualidades de cada individuo.

El hecho que ahora testifico ocurrió pocos meses antes de partir al viaje de prácticas Eurocaribe'89. Recuerdo sobre aquel episodio que estaba en un sueño pesado imaginando una mujer de pelo largo color negro, a quien no podía ver el rostro, muy ocupada en mi entrepierna realizándome *fellatio*. En el momento de la polución desperté, pero

177

debido al cansancio me costó mucho trabajo levantarme para dirigirme a la regadera con el propósito de asearme, ya que, supuse, había tenido un sueño erótico. Cuando molesto llegué al sanitario, descubrí que mi cuerpo así como mi ropa interior se encontraban sin residuos seminales, estaba todo limpio, ¿qué pasó?, me pregunté alarmado.

Posteriormente, comenté esta situación con algunos compañeros cadetes, pero ninguno concedió importancia al hecho, y yo tampoco me preocupé más, pues no creía posible que había sido objeto de violación. Concluí que simple y sencillamente había tenido un sueño extraño. Sin embargo, un día antes de iniciar el viaje de prácticas Eurocaribe'89, el cadete novel Augusto Lorca, quien vivía conmigo en el dormitorio de la banda de guerra, me informó con preocupación que en el transcurso de la noche mientras él dormía "algún degenerado [sic]" le había bajado los pantalones para tratar de tocarle los genitales, y que no era la primera vez que esto ocurría.

Debido a que al día siguiente yo iba a viajar al puerto de Acapulco y estaba muy ocupado en mis actividades, di la instrucción a Augusto Lorca de notificar de ese hecho a su primo, el cadete Severo Lorca, quien era cadete antiguo y vivía en el mismo dormitorio, así como también notificara a su tío, un teniente de navío adscrito a la universidad naval; esto, con el plan que dispusieran lo necesario para investigar y descubrir al culpable de tales actos repulsivos.

El cadete Augusto Lorca, quien era persona de toda mi confianza igual que el cadete antiguo Severo Lorca, obedeció mi instrucción y empezó a dormir en la misma litera que su primo, en la cama superior, de tal suerte que cuando una noche Triple Equis acudió a realizar *fellatio* al cadete Augusto Lorca, el cadete antiguo Severo Lorca con linterna en mano de inmediato alumbró el rostro de Triple Equis cuando este empezaba a realizar la felación al cadete Augusto Lorca. Triple Equis, en el momento de ser descubierto se arrojó al piso y fingió estar dormido, por lo que Severo Lorca le exigió que no fingiera demencia sino asumiera la consecuencia de su abominable acto, pues junto con Augusto Lorca, ambos dos, lo habían identificado en flagrancia. Todo esto me notificó el propio Severo Lorca a mi regreso del viaje de prácticas Eurocaribe'89.

A mediados de 1990, recrudeció el acoso hacia mi persona por parte de las autoridades universitarias, descubrí que me estaban suministrando de forma subrepticia alguna droga junto con los alimentos, pues me encontraba muy alterado de los nervios, durante la noche todo mi cuerpo temblaba, saltaba de mi cama al mínimo ruido, cada día era más difícil para mí llegar a tiempo al sanitario, sentía que mi vejiga no podía retener la orina como antes.

Entonces adquirí la costumbre de acudir a consultas psicológicas con una oficial de la universidad, quien era conversadora agradable, aunque ingenua, ella misma tenía serios problemas emocionales, ya que, por ejemplo, confió sus cuitas a un compañero y de repente lloró en plena consulta; aparte de esto, cada cadete era consciente que todo lo que se hablaba con dicha psicóloga era como si uno estuviera hablando con el comandante del cuerpo de cadetes Humberto Zurita.

Un cadete aprovechó esa coyuntura y bajo amenaza de suicidio consiguió unas vacaciones extras gracias a la intercesión de la psicóloga. En cuanto a mí respecta, acudía a consulta con la psicóloga porque con ella podía desahogar mi frustración e impotencia ante la flagrante violación a mis derechos humanos, pues las autoridades universitarias navales ni siquiera me permitían conocer a ciencia cierta la razón de tal hostigamiento, desconocía bajo cuáles argumentos me acusaban y de qué me inculpaban, o qué delito había cometido, pues, aunque Triple Equis me calumnió, también comprobaron que fue él quien violó la integridad sexual de los cadetes, yo mismo había sido una de sus víctimas, incluso propuse al cadete Augusto Lorca la solución que llevó al culpable ante la justicia,

179

y cómo, me preguntaba, las autoridades navales podían dar valor a la palabra de aquel psicópata para hacerme tanto daño; esto, suponiendo que no consideraron la posibilidad que la acusación falsa de Triple Equis hubiere devenido cierta si tan sólo se hubieran aplicado a hostigarme día y noche durante meses, auxiliándose con suministro de drogas a mi cuerpo como el conocido 'suero de la verdad' que puede mezclarse con cualquier tipo de bebida y pasar inadvertido en el momento de darlo a la víctima. Sin embargo, esto fue lo que hicieron, pero sin obtener el resultado oprobioso que esperaban.

Así, en una ocasión en el mediodía entré al refectorio y desperté dos o tres horas más tarde arrojándome sobre ropa sucia en el depósito de lavandería. Pero aquella no fue la primera vez, porque recuerdo que alrededor de dos años antes que acontecieran los problemas que ahora relato, desperté en la plataforma de clavados de diez metros preguntándome si no era mejor suicidarme, cuando no había motivo para ello, pues entonces no tenía problema con nadie y todo marchaba muy bien para mí en la universidad, sólo tenía el indicio que el subdirector de la HUNM –Papín del Malo– tenía un problema personal conmigo, pero no imaginaba a qué grado me odiaba. Ahora sé que psicólogos estuvieron perjudicándome, alienando mi conducta mediante el suministro de bebidas y alimentos adulterados con psicotrópicos, con objeto vil de pervertirme. Uno de los sospechosos es el entonces cadete homosexual Horacio de Camil, a quien descubrí en una de muchas ocasiones que me dejó semiconsciente en la puerta del depósito de lavandería en aquel año 1990. Horacio se había explayado conmigo en septiembre de 1986, en la unidad deportiva de Xochimilco, haciéndome patente su homosexualidad, pero dejé muy claro que ese acto aberrante es pecado y provoca asco; menciono esto sin olvidar que el homosexópata acicaló el extremo inferior de su espalda baja con crema para el cutis.

Sobre estos asuntos, el entonces comandante de la banda de guerra, teniente L'Apest, tiene mucho conocimiento para revelar.

En 1984, en el depósito de armas de la brigada Proa Babor de la universidad naval, un cadete se suicidó utilizando su fusil mosquetón calibre 7.62 mm.; introduciéndose el cañón en la boca, disparó; imprimió con su sangre y órganos macabra decoración al polvorín. Estoy seguro que los psicólogos al servicio de los criminales heterofóbicos fueron quienes enajenaron a este cadete para que en estado hipnótico cometiera aquel acto inefablemente trágico y lamentable. Sin duda esto ocurrió, porque los militares homosexuales escogen sus víctimas, ellos deciden a quién van a resabiar para que sirvan a sus intereses sodomitas. Si no logran su fin abyecto, destruyen la vida de la víctima. Cuando logran convertir en homosexual a la persona entonces la eligen para que preste servicios en el cuerpo de espionaje de las fuerzas armadas (novohispanas); no obstante, la mayoría de las víctimas son utilizadas como mercancía de las redes de prostitución. Las dos empresas televisivas más importantes del país, Televica y Tv Esteka, están conformadas en su mayoría por estos criminales que también fueron víctimas del sistema, es un requisito ineludible para pertenecer a estas empresas. Actores y actrices trabajan de manera obligada con el gobierno novohispano para espiar, pervertir y sojuzgar a la sociedad, usufructuando el placer sexual inmoral como método infalible de control y lealtad.

Podría relatar detalladamente cada vergonzante y vergonzosa agresión con tramas homosexuales que sufrí en aquel tiempo de mi estancia en la HUNM, pero únicamente menciono los aspectos relevantes en virtud que esta es una denuncia cuyo propósito secundario es dar soporte a otras investigaciones judiciales, y así concedo a las personas implicadas la oportunidad que a mí no me otorgaron a pesar que supliqué muchas veces, que es su legítimo derecho a conocer las imputaciones en su contra, a defenderse y a exponer los motivos que los empujaron a atacarme de forma tan ignominiosa, soslayando principios y valores legales, éticos y morales.

Logré egresar de la Heroica Universidad Naval Militar gracias a que –aparte de acreditar los exámenes extraordinarios– salí de vacaciones en el mes de julio de aquel año 1990 y acudí al Ministerio de la Defensa Nacional en ciudad Tenochtitlan a pedir auxilio ante el teniente coronel criminólogo, ahora retirado, Sergio Israel Corona Nava-Bracamontes, quien se encontraba en el laboratorio de investigaciones científicas de dicho ministerio; así como a denunciar los ataques que las autoridades universitarias navales me infligían, las cuales se negaron a comparecer para explicar los hechos. Esto fue lo que me informó el teniente coronel mencionado, pero estoy seguro que tres oficiales de la universidad naval se presentaron en el Ministerio de la Defensa Nacional disfrazados de militares del Ejército para interrogarme, los tres juntos a la vez, y yo perdí la consciencia por una bebida adulterada con psicotrópico que me había convidado mi padrino, el mismo teniente coronel criminólogo Sergio Israel Corona Nava-Bracamontes, quien se mantuvo sentado y en silencio detrás de mí durante la entrevista. Sin embargo, aquella denuncia sirvió de contrapeso a las autoridades navales heterofóbicas.

Las hostilidades continuaron, mas fueron menguando. Oficiales y compañeros cadetes volvieron a darme muestras de respeto. Una de aquellas conversiones fue la del oficial que me insultó por el caso de la mochila, nunca volvió a tratarme con ofensas. Dicho oficial fue uno de los tres disfrazados que me interrogaron en el Ministerio de la Defensa Nacional; uno de sus nombres de batalla: Manuel Vega, a quien logré descifrar durante el interrogatorio antes de perder la consciencia, no sólo porque era uno de mis mejores compañeros de estudio y amigos más queridos, sino porque atezó su piel con el mismo color que usaba como agente de inteligencia en la preparatoria

CET del Mar Heroica Guaymas donde estudié antes de ingresar a la HUNM.

Durante la mencionada sesión de preguntas del año 1990 en el Ministerio de la Defensa, se despejó la duda que yo tenía desde 1987 sobre la identidad de este oficial de piel caucásica cuando llegó de instructor a la universidad naval, porque recuerdo que en cuanto lo vi me pareció la versión güera de Manuel Vega, a quien, como ya mencioné, tuve de condiscípulo en la preparatoria, idéntico en todo, incluso en su conversación sin ambages y sentido de humor agridulce, excepto en el color de la piel morena de Manuel Vega. Yo no sabía que se trataba de la misma persona.

En el año 1991 y la primera mitad de 1992 estuve realizando prácticas profesionales a bordo de diferentes buques de la Armada novohispana. Al aprobar el último examen profesional, ascendí a teniente de corbeta y causé alta en el cañonero Ignacio Manuel Altamirano con base en Ensenada, Baja California; cuyo comandante de buque era el capitán de corbeta Lacho Falso, quien intentó hacerme una propuesta delincuencial que hubiera afectado de manera grave mi lealtad a la institución armada de haber permitido lugar para hacerla, por lo que, cuando entendí hacia donde dirigía la conversación, de inmediato lo interrumpí rogándole de la forma más respetuosa que no continuara con ese tema; así antepuse los principios éticos que tanto nos remarcaban en la universidad naval, pues durante mi época de estudiante los oficiales instructores nos alertaban reiteradamente sobre la posibilidad que seríamos presionados por parte de algún comandante corrupto para llevar a cabo actos delictuosos, los cuales lesionan el orden legal y moral de nuestra Armada, a la que, por el contrario, debíamos rendir la máxima lealtad y nuestro mayor esfuerzo con el fin de salvaguardarla para mantener la dignidad de nuestro encargo como personas comprometidas en servir al pueblo de Nueva España.

Cuando el capitán Lacho Falso conoció mi postura, aceptó que era válida y no volvió a tocar aquel tema, pero si anteriormente se había comportado de forma poco amable conmigo, después que rechacé la propuesta mencionada en su intento por persuadirme para que aceptara su muy particular concepto de justicia, empezó a arrestarme por cualquier motivo, y llegó a privarme muchas veces de la franquicia haciendo referencia a las normas militares de manera *legaloide*; esto, considero, en represalia a mi decisión personal por mantenerme en el orden institucional. Llegó al grado de prohibirme usar cubiertos para comer tostadas o partir frutas, pues decía: "el cuchillo únicamente debe usarse para cortar carne". Así mismo, dicho comandante mantiene la firme creencia en sí mismo que es "una especie de *diosito* [sic]" para sus subordinados, pues ufano decía que en el buque todos dependíamos para bien o para mal de las decisiones que él resolvía sobre nuestras vidas. Una vez relató que en Salina Cruz, Oaxaca, había dos civiles que estaban molestando a miembros de la tripulación del buque y para terminar con el problema ordenó a marineros que se armaran y asesinaran a aquellas dos personas. La orden fue cumplida. Esa confesión la realizó en la cámara de oficiales del buque Ignacio Manuel Altamirano ante la presencia de varios oficiales, incluyéndome. En esa misma ocasión Lacho Falso hizo otra revelación que igual me asustó: la familia Lumbres y su parentela radicada en Ensenada, Baja California, el capitán retirado Chapo Tote y esposa, habían planeado asesinarme, pero al final desistieron. ¿Y por qué habían urdido asesinarme? Pues porque tenían la falsa idea que yo había abusado sexualmente de Pepe Chuy Lumbres; calumnia que, como dije anteriormente, Triple Equis la habría usado para evitar su expulsión de la Heroica Universidad Naval Militar de no haberse comprobado su conducta psicótica.

El capitán Lacho Falso intensificó su hostilidad contra mí e incluso ordenó tanto al segundo comandante como al jefe de máquinas del barco que, en la menor oportunidad, me arrestaran, porque tenía intención de someterme a consejo de honor para que por motivos de indisciplina yo fuera removido a otro buque.

A causa que el capitán Lacho Falso estaba consiguiendo la vileza de arrestarme por cualquier insignificancia, y a cada momento me recordaba que iba a ordenar consejo de honor por indisciplina en mi contra, me disgusté de tal manera que un día tomé la decisión de irme de baja, pues mi dignidad no me permitía aceptar que un criminal, asesino y narcotraficante como es Lacho Falso, quien con sus actos deshonra a la institución que lo acoge y al uniforme que porta, procediera contra mi persona con consejo de honor para afectarme y dejarme en completo estado de indefensión. Además, si como resultado del consejo de honor por indisciplina me removían a otro buque, igual continuaría padeciendo el acoso de los almirantes Pepe, y Chuy Lumbres, y mi carrera naval de cualquier forma se hubiere visto truncada.

A mediados del año 1990, el almirante Al Capo Ne fue defenestrado del cargo de ministro del mar al haberse comprobado su participación en actividades ilícitas de narcotráfico. El semanario Proceso dio la cobertura más amplia a este acontecimiento. También fue removido de su cargo el almirante Popo Rico, quien era el oficial mayor de la Armada en tiempos del almirante Al Capo Ne, y en la actualidad es el presidente de la Asociación de la Heroica Universidad Naval Militar. Igualmente, fue relevado del cargo el entonces secretario particular del almirante Popo Rico: el capitán Lacho Falso; ambos eran personas muy allegadas al almirante Al Capo Ne. En aquel tiempo, el capitán Lacho Falso fue cambiado de la secretaría particular, de la oficialía mayor de la Armada, al buque Ignacio Manuel Altamirano, debido a lo cual se encontraba angustiado y con incertidumbre sobre su futuro por la conmoción que sufrió como consecuencia de esa caída militar, y se preguntaba una y otra vez si el haber pertenecido al equipo del almirante Al Capo Ne lo había afectado a perpetuidad para ascender de grado militar. Varias veces hizo referencia al tema de los ascensos, por lo que no es difícil inferir que el capitán Lacho Falso realizó un acuerdo con la familia Lumbres para que lo ayudaran a lograr el ascenso que anhelaba, a cambio de afectar mi carrera naval.

Por lo anterior, tomé la decisión de faltar diez días a mi servicio con el propósito de causar baja. Al término de estos días regresé al buque, pero el capitán Lacho Falso me envió a entrevista ante el técnico radiólogo del sanatorio naval de Ensenada para una consulta de carácter psicológico, pues según el capitán, dicha consulta era muy necesaria. El capitán también me ordenó acudir a otra entrevista, ante el abogado de la zona naval. No entendí la motivación del capitán Lacho Falso cuando me dio estas instrucciones, pero cumplí las dos órdenes. En aquellas fechas el capitán Lanzado Guti, segundo comandante del buque, fue asignado a otra unidad y llegó a ocupar dicho cargo un capitán de corbeta pariente político de los almirantes Lumbres de nombre Aranda Oce.

A pocos días que me entrevisté con el técnico radiólogo y el abogado de la zona naval, el Estado Mayor General de la Armada (novohispana) ordenó mi presencia en ciudad Tenochtitlan, y una vez que me presenté en la sección primera con el capitán Lee Armador, este me mandó acudir al departamento de psiquiatría del Centro Médico Naval donde me realizaron, en el transcurso de aquella semana, exámenes psicológicos y psiquiátricos. Después de someterme a los exámenes ordenados por el mando naval, me reincorporé de inmediato al buque Ignacio Manuel Altamirano.

Cuando contento volví al buque, el capitán Lacho Falso, desconcertado por mi presencia en Ensenada, con gesto adusto me preguntó: "¿Por qué me lo envían de regreso?". Acto continuo, Lacho Falso, muy afectado, me ordenó que acudiera a la unidad de infantería de marina del puerto, pues no iba a aceptarme a bordo de 'su' buque "así nomás porque sí [sic]".

Debido a que el capitán Lacho Falso se negó a cumplir la orden de la sección primera del Estado Mayor General de la Armada, de reincorporarme al buque de mi adscripción, fui comisionado a la oficina de la comandancia de la Segunda Flotilla Naval.

Cuando llegué al edificio de la zona naval, el abogado me notificó que el capitán Lacho Falso, con la asistencia del entonces capitán Ramael Azcárraga, lo estuvieron presionando para obligarlo a avalar una calumnia en mi perjuicio, la cual consistía en que el abogado afirmara en una acta de hechos que yo, supuestamente, le había confesado que me gustaban los hombres sexualmente hablando, lo cual es categóricamente falso de toda falsedad.

En virtud que era orden infame por parte del capitán Lacho Falso, de firmar la acta donde él me calumniaba, el abogado de la zona naval mantuvo su integridad moral y se negó ecuánime a obedecer esa orden ilegal. El abogado de la zona naval también me informó que durante la discusión con el capitán Lacho Falso, este dijo que el técnico radiólogo del sanatorio naval, a quien el capitán Lacho Falso habilitó como psicólogo para una consulta conmigo, sí firmó la calumnia en mi contra para obedecer y no tener problemas con el capitán Lacho Falso, misma calumnia que fue remitida al Estado Mayor General de la Armada para ofender la inteligencia del mando.

Así comprobé el dolo y mala fe por parte del capitán Lacho Falso para hacerme daño; y al exigirle, patético, una explicación, aprensivamente argumentó el consabido pretexto que el capitán retirado Chapo Tote y esposa habían dicho la infamia que yo abusé sexualmente de Pepe Chuy Lumbres, lo cual, reitero, es totalmente falso de toda falsedad, pues nunca hubo relación homosexual forzada o consentida ni de cualquier otro tipo entre Pepe Chuy Lumbres y yo;

por esto no soy oficial de inteligencia de la Armada ni actor de Televica o Tv Esteka. Gracias a Dios. Amén.

¿Por qué razón los almirantes Lumbres y su parentela están tan seguros que la calumnia de Tripe Equis es cierta?

¿Acaso Pepe Chuy Lumbres me mintió diciendo que había negado la calumnia durante el consejo de honor, pero en realidad aceptó como cierta dicha infamia de Triple Equis para evitarle la expulsión?

¿Existía alguna relación inmoral entre Pepe Chuy Lumbres y Triple Equis que fue descubierta y trataron de involucrarme para exculpar a Triple Equis?

Surgen estas cuestiones porque cuando regresé del Ministerio de la Defensa Nacional donde denuncié a la autoridad universitaria naval por el acoso homosexual con el que me atacaba, la misma autoridad universitaria naval homosexual, por conducto del sargento primero Toto Violante, argumentó que Pepe Chuy Lumbres me acusó por difamación de honor, lo cual era otra sutileza más por parte del mando de la universidad naval o del propio sargento primero, pero este supuesto me parecía irrelevante, pues lo importante para mí era que me dejaran en paz.

Triple Equis durante su defensa no sólo me calumnió a mí sino declaró que en el dormitorio vivían otros homosexuales como él, pero no mencionó nombres y el mando no pudo, o no quiso, exigirle que revelara dichos nombres. Esto último me lo confió el cadete Severo Lorca, y también dijo que Triple Equis desde mucho tiempo atrás había sido sospechoso de ser el culpable de los *fellatios*, pero que no se había podido comprobar nada.

¿Quién de los sargentos de cadetes alertó a Triple Equis cuando alguien de la universidad confió la sospecha sobre él o lo denunció?

Días después que reclamé al capitán Lacho Falso la manera infame como había intentado que el mando central de la Armada novohispana se viera engañado para afectarme, fui al buque a realizar trámites. En aquella ocasión, el teniente de fragata Rubio, jefe de la estación de radio, ahora capitán retirado Rubio, me rindió el parte verbal que el capitán Lacho Falso vendía marihuana a personal de clases y marinería del buque por conducto del cabo de la estación de radio, motivo por el cual procedí con mi deber de canalizar la denuncia verbal ante el comandante de la Segunda Flotilla Naval, quien en esas fechas era el capitán de navío Luis P. Fuentes.

Debido a la denuncia del teniente Rubio, el capitán Luis P. Fuentes ordenó al capitán Lacho Falso que se presentara en la oficina de la Segunda Flotilla Naval para que explicara los hechos en los que estaba acusado de vender droga a personal de tripulación del buque con la intermediación del cabo de la estación de radio. Esto es todo lo que supe concerniente al caso.

Después de las denuncias por corrupción contra el capitán Lacho Falso, quien fue removido a un buque fondeado en la zona naval de Manzanillo, Colima, pude reincorporarme al barco de mi adscripción Ignacio Manuel Altamirano.

El relevo de mando en el buque no resultó favorable para mí, ni tampoco para el jefe de la estación de radio por haber delatado al anterior comandante, pues tuve diferencias irreconciliables con el nuevo comandante ya que no consideraba mi grado jerárquico, por lo que decidí regresar a la oficina de la Segunda Flotilla Naval.

También fui a ciudad Tenochtitlan para otra valoración psicológica y psiquiátrica. El psiquiatra que me atendió, Dr. Malberto Santoscoy, confesó que él no estaba de acuerdo con el dictamen que iba a redactar, pero que él recibía órdenes y debía cumplirlas. Por mi parte, solicité audiencia con el jefe del estado mayor de la Armada para informarle del acoso que yo sufría por parte de los almirantes

Lumbres y familiares, y que no tenía caso ordenar mi cambio de adscripción a otro buque, pues seguramente dichas personas iban a continuar molestándome, por lo que en esa audiencia solicité al jefe del estado mayor mi separación de la Armada de Nueva España. Estos hechos ocurrieron en febrero de 1994, y en noviembre de aquel año recibí un oficio que sentencia mi separación del servicio activo de la Armada por retiro forzoso, sin ningún tipo de prestación social o económica por encontrarme inútil para trabajar; dicho oficio especifica que la sanción devino así porque adquirí la enfermedad mental denominada «trastorno delirante paranoide crónico debido a actividades realizadas fuera de la milicia», y quien signó el oficio de cómputo final de mi servicio en la Armada fue el entonces contralmirante Pepe Lumbres, y sospecho que él dictó al psiquiatra el disparatado dictamen.

Al pasar a situación de retiro, supuse que me había librado de la influencia negativa que ejercían en mi vida los almirantes Lumbres y familia, así como Lacho Falso. En menos de seis meses después del retiro, en una empresa privada localizada en la colonia Escandón de ciudad Tenochtitlan, descubrí que continuarían molestándome ya que logré descifrar al capitán Lacho Falso a pesar de su piel atezada, la voz ronca afeminada y el látex cacarizo que usó en el rostro para disfrazarse, y eso que yo lo imaginaba vendiendo fayuca en el buque fondeado donde lo comisionaron: el Transporte Colima.

No tiene caso relatar cada acontecimiento que relaciono con el modus operandi de calumnias y trampas característico de estas personas homosexuales mediante el cual me atacan y hacen daño. Sin embargo, estoy seguro que personal de inteligencia de la Armada de Nueva España me mantiene estrechamente vigilado ya que he identificado a dos de estos elementos. Un sujeto es el segundo hijo del almirante Pepe Lumbres, de apellido Lumbres Pitic; el otro individuo es el maestre Bram Vila, así dijo que se llamaba y lo vi uniformado; a ambos los vi en el edificio del Ministerio del Mar en el año 2007, y en el 2008, los descubrí en Mexicali, muy cerca de mí y vigilándome; por cierto, debido a intento de homicidio por parte de Lumbres Pitic en mi perjuicio, levanté la denuncia número 284/09/106/AP en la delegación González Ortega de esta ciudad de Mexicali. En cuanto al maestre Bram Vila, estoy convencido que él se evidenció para avisar que me tenían rodeado y así alertarme de peligro. A este maestre lo conozco muy bien y nos poníamos a platicar en el Minmar. No me extrañaría si alguno de los almirantes Lumbres, quienes en esta fecha deben estar retirados de la Armada de Nueva España –lo que no les impediría verse apoyados por el ministro del mar–, en su defecto, el contralmirante Lacho Falso, tengan personal bajo su mando para realizar actividades de vigilancia y velados ataques peligrosos en mi agravio, y así dar rienda suelta al resentimiento delirante que los ha caracterizado.

Hago digresión para explicar el móvil criminal que alienta este tipo de injusticias y abusos gubernamentales realizados en agravio de la sociedad. En el Ministerio del Mar existen buques fondeados que tienen décadas sin navegar, no obstante, el mando los mantiene en el registro nominal con el fin de recibir mayor presupuesto estatal. Son buques inservibles con tripulación y gastos menores de mantenimiento, no navegan pero reciben parte del erario. Los recursos sobrantes de estos buques se emplean para otros fines navales y de espionaje. Así, también existen militares con hijos trabajando en las fuerzas armadas, a quienes para protegerlos y no se vean involucrados en casos difíciles que pongan en riesgo la vida –como sería investigar y espiar a grupos subversivos, terroristas, narcotraficantes o secuestradores– utilizan chivos ocupacionales, victimas inofensivas que no están en posibilidad de defenderse ni son capaces de tomar justicia por propia mano, quienes a pesar de no haber cometido delito ni ser sospechosos de ello, sirven para que el mando obtenga presupuesto estatal con el fin de mantener a sus seres queridos en operativos de espionaje, generen antigüedad y puedan pensionarse sin problema al término de veinte años de simulación, que son los años de servicio mínimo a efecto de jubilarse conforme a la Ley de Seguridad Social de las Fuerzas Armadas novohispanas, algo justo para quienes realmente entregan su vida a la institución armada, pero no para aquellos vivales que aprovechan esa prerrogativa en su beneficio personal.

En mayo del año 2007 estuve en la ciudad y puerto turístico de altura Heroica Guaymas, Sonora, resguardándome de quienes en meses anteriores habían tratado de asesinarme en Mexicali. Un día mi cuñado, mi padre y mi hermana fueron a una playa en San Carlos, Sonora. Mi cuñado, finado, tenía más o menos la misma complexión y estatura que yo y también conducía un vehículo muy parecido al de mi padre. Cuando regresaron de la playa, mi cuñado platicó que en dicha playa solitaria muy lejana en el noroeste de San Carlos, llegaron dos vehículos y se estacionaron detrás del vehículo de mi cuñado; y mi cuñado observó que alrededor de seis personas armadas con subametralladoras y pistolas bajaron de los vehículos, pero en lugar de accionar las armas únicamente permanecieron unos segundos viéndose entre ellos, también oteando los alrededores; y de inmediato, así como llegaron, se retiraron. Al conocer este hecho recordé el modo de operar del capitán Lacho Falso cuando nos platicó a los oficiales del buque que él había ordenado el asesinato de dos personas en Salina Cruz, Oaxaca.

Así mismo, en junio del año 2007, un oficial de la Armada comentó que el ahora contralmirante Lacho Falso fungía como jefe de estado mayor de la región naval en Heroica Guaymas. En marzo del año 2008, observé al contralmirante Lacho Falso en Heroica Guaymas platicando con regidores municipales.

En mi humilde opinión, Lacho Falso padece una psicopatía comparable a la de Espartaco, personaje incisivamente ególatra y narcisista del escritor español César Vidal en la premiada novela Los hijos de la luz.

El día 18 de diciembre del año 2008, a las 12:40 p. m., yo caminaba por la prolongación de la calle Novena de esta ciudad de Mexicali. Alrededor de ochocientos metros antes de llegar a la carretera que lleva al aeropuerto, me percaté que un vehículo Ford, pick up, color marrón, aumentó de forma peligrosa la velocidad a unos metros de donde yo transitaba, pasándose del primer carril al acotamiento con la intención de atropellarme, por lo que hice esfuerzo para esquivarlo, a bordo del cual venía una persona del sexo masculino, tez blanca, de treinta y siete años de edad en apariencia, cuyo perfil fisonómico coincide con el de nombre Lumbres Pitic, hijo del almirante Pepe Lumbres, hermano de Pepe Chuy Lumbres; dicho conductor, al parecer, se desempeña en la sección segunda del estado mayor de la Armada de Nueva España y es la misma persona que en el año 2006 me molestó en el edificio de la Organización Religiosa Cedes (Órece). Cedes es el nombre de una ciudad antiguo testamentaria que significa lugar de refugio y restauración. Los individuos Iscariote, y Judas, líderes de Órece, debieron haber estado notificados que el oficial de inteligencia de la Armada de Nueva España Lumbres Pitic, quien intentó asesinarme con el vehículo descrito, estaba ejerciendo acosamiento psicológico de carácter homosexual con la finalidad de montar una farsa para dañar mi reputación, y que las calumnias usadas en mi contra entre los miembros de la mencionada organización religiosa tuvieran mayor efecto dañino, provocando así afectación moral irreparable entre citados miembros religiosos y mi persona.

La punta de toda esta madeja de intrigas y delitos la constituyen los individuos Iscariote, y Judas, quienes, como mencioné anteriormente, son los líderes de Órece, ubicada frente a la empresa Televentas de esta ciudad de Mexicali, y a ellos debieron, los oficiales de inteligencia de la Armada de Nueva España o personas pagadas por los almirantes Lumbres y el contralmirante Lacho Falso, haber informado con anterioridad que iban a realizar en el interior del recinto de la citada organización religiosa terrorismo psicológico *homosexualoide* en pretendido agravio a mi persona, por lo que solicito a usted que ambos individuos se presenten a declarar ante esta Comisión a su digno cargo, sobre los hechos descritos, bajo juramento de hablar con la verdad, para que de esta forma los hechos reales que en la presente denuncia señalo, lleven a los criminales ante las autoridades judiciales correspondientes y sean sometidos a juicio, y que a diferencia del proceso kafkiano, esta historia real no tenga desenlace fatal para el suscrito.

Informo a usted lo anterior a efecto que las violaciones a los derechos humanos ya descritas, así como las consecuencias legales que deriven de esta denuncia ciudadana, sean debidamente subsanadas.

Atentamente.

Gustavo Marsanto

C.c.p. La respetable opinión pública.

La selección campeona de futbol

La selección de futbol mexicana

concluyó su batalla en el torneo,

demostró estatura de campeona

contra rivales dignos del trofeo.

La actitud tenaz del futbolista

en la cancha obtuvo distinción;

el amor por la patria lo alienta,

también su sensato pundonor.

El sentir de cada mexicano

es de orgullo por su selección;

corresponde con amor fraterno

al equipo de su corazón.

Los atletas, esforzados todos,

audaces lograron que el balón

consintiera golpes decididos

para evadir la acre marcación.

Tampoco admitieron muchos goles,

en cambio anotaron a favor

más alegrías para responderles,

que gol en contra para rencor.

El denuedo de los jugadores

es ejemplo para la afición,

ya que practicando estos valores

fortalecemos nuestra nación.

Por esto es mi campeona la selección,

porque siempre me exhorta a ser el mejor.

Y lograré el negado galardón,

pero desde aquí, mi humilde posición.

Epílogo

Estimado lector, apreciada lectora, los relatos de este libro, ratifico, están basados en hechos reales; no obstante, cambié los nombres y algunas circunstancias para efectos de publicación. La cofradía homosexualista que menciono existe y está regida por la masonería. Periodistas de reconocido prestigio en México han denunciado que el sistema político mexicano está dirigido principalmente por masones homosexuales que llevan doble vida, con las consecuencias discriminatorias contra el pueblo heterosexual que ello implica. Estos profesionales de la información han descrito a detalle esta realidad ante la opinión pública en varias ocasiones desde hace décadas.

Dentro de esa sociedad secreta existen personas que reniegan del sistema inmoral y son quienes proporcionan información sin comprometerse. Gracias a estas personas que me han auxiliado en momentos álgidos de mi vida, he podido mantenerme firme. La primera advertencia la recibí en el año 1985 por parte de un oficial instructor de la Heroica Escuela Naval Militar. También fui alertado sobre estas "cosas muy malas [sic]" por un compañero cadete en el año 1988, cosas de las cuales ya estaba enterado.

Personas de la Armada de México y las televisoras nacionales están involucradas en los crímenes que denuncio, sin embargo, me han calumniado ante la comunidad aduciendo que padezco esquizofrenia y que soy prejuicioso. Mienten. Con dicha infamia se evaden para no confrontarse a la verdad.

Para mantener mi postura intransigente contra el espionaje inmoral homosexual, también ayuda el hecho que en esa institución armada existe controversia en relación con este caso, lo cual no ha impedido el ninguneo a mi persona. Bien apuntó Octavio Paz: *Es inútil que Ninguno hable, publique libros, pinte cuadros, se ponga de cabeza*. Es por esto que los criminales continúan impunes. Lamentablemente, este es el mal generalizado en México, la falta de procuración de justicia para beneficiar a los poderes fácticos, asidos de la presidencia de la república.

"Para que la cuña apriete ha de ser del mismo palo", reza el adagio. Si alguien puede resolver este problema social y político que agravia a todo México son los mismos militares; empero, la sociedad civil no debe permanecer inactiva sino exigir a las autoridades que resuelvan cuanto antes el problema del espionaje fascista, cuyo principal objetivo es continuar perjudicando a la niñez y juventud mexicana para perpetuarse en el poder.

Es obvio que si las instituciones mexicanas están controladas por los fascistas –nacionales y extranjeros–, ignorarán la demanda ciudadana; por tanto, es necesario iniciar campañas de protesta y concientización para remover a los homosexuales de las posiciones de liderazgo. Es obligatorio. La alternativa electoral del voto efectivo contra los partidos hegemónicos es la idónea, porque perturbará al establishment.

Pase lo que pase más adelante conmigo, aun si el sistema infama mi reputación todavía más con el fin de restarme credibilidad utilizando sus esbirros y medios de comunicación que me han copado anteriormente; quien haya leído este libro activó en su ser –en el consciente y subconsciente– una alarma que descubre las malas artes y técnicas de los espías criminales, quienes acostumbran allanar viviendas previa sedación de los ocupantes, a quienes interrogan y hieren en estado hipnótico; y así podrá despertar del trance y elucidar algún eventual ataque a su humanidad. Así mismo, estará vigilante de todo cuanto ocurra en la escuela con sus hijos para frustrar el hostigamiento y las trampas a que son sometidos por parte de los niños y jóvenes alienados del sistema en complicidad con algunos profesores, a quienes exigirá la portación del gafete de identidad para el alumnado, y una lista con el nombre y fecha de nacimiento de todos y cada uno de los condiscípulos de sus hijos a efecto de llevar un historial de altas y bajas, más otras incidencias que los alumnos registrarán de puño y letra cuando regresen a casa. De igual forma, descubrirá que en todos los lugares concurridos –verbigracia, centros comerciales, supermercados, bancos, fábricas y terminales de pasaje– existen empleados cómplices del pernicioso espionaje gubernamental y el crimen organizado, quienes sojuzgan a la ciudadanía, y los exhibirá.

Todo en este libro es de mi autoría –a excepción de las citas así marcadas– y soy el corrector de los textos. En referencia a esto, la primera edición del libro, borrador incompleto, es anécdota por el apremio que tuve de publicarlo. Esta edición de Votar conviene ha sido posible gracias a la extraordinaria facilitación de Create Space, a cuya dimensión creativa ingreso a través de http:// www .create space .com.

Si debido a mi falta de preparación como escritor cometí el error típico de los escritores sin experiencia, la reescritura, a esta no la admite el libro, pues he tenido esmero para no cometer tal desacierto.

Redacté algunos escritos basándome en la versión Reina-Valera 1960 de la Biblia de referencia Thompson, que brinda sustancial información arqueológica. Datos científicos muy útiles obtuve de la revista electrónica http:// www .creacionismo .net. También consulté la legislación mexicana vigente, así como la bibliografía proporcionada por el Instituto Federal de Acceso a la Información y Protección de Datos (Ifai), que está a disposición del público en el sitio internético http:// www .ifai .org .mx.

No omito mencionar que han sido valiosos para formar mi criterio político los reportajes y artículos de opinión de los principales diarios de México vía internet; por ejemplo, El Universal, La Jornada, la revista Proceso y el periódico Milenio. Y por supuesto, acostumbrado como estoy a tomar lo bueno y desechar lo malo, no puedo dejar de mencionar "mi escuela nocturna" que Televisión Azteca proporciona a México con los programas de Azteca Opinión, los cuales son muy ilustrativos. Más la difusión y reseña de la actividad legislativa por medio del Canal del Congreso, que es magnífico e insustituible para introducirnos desde la perspectiva ciudadana a los intrincados y emocionantes terrenos de la política mexicana. Esto, sin contar que trabajé durante quince años en instituciones armadas federales.

Mis diccionarios de consulta son Larousse, Porrúa, y el DRAE, que es el acrónimo del Diccionario de la Real Academia Española, a la cual solicité mediante el formulario que proporciona para tal fin en la página de internet http:// www .rae .es una nueva acepción para la palabra avanzo: rendición de cuentas. El concepto se infiere por los distintos significados de la palabra en cuestión.

Es cuanto. Muchas gracias.

Guaymas, Sonora, a 15 de julio de 2014.

EL AUTOR

Jorge Rosendo Durán Mozqueda, 22 de abril de 1968, Heroica Guaymas, Sonora, México. Ingeniero en ciencias navales por la Heroica Escuela Naval Militar, 1990. Laboró en la Armada de México hasta 1994. Continuó en el servicio público diez años más trabajando en aduanas, 1995-2005. También ingresó por breve periodo a la Policía Federal, 2007. En el sector privado trabajó como chofer de tráiler transportando mercancías entre los estados de California, Arizona, Nevada, Sonora y Baja California, 2005-2008. Socio en empresa ejidal. En Twitter @T2xMX (Todos por México).